AF145553

Erfolgreiche Mitarbeitergespräche

Praxisleitfaden für Führungskräfte mit Anleitungen für
32 Gesprächsanlässe und für das Gesprächstraining mit der
Webcam

von Friedrich-Carl Sass

Herausgegeben im April 2015

Covergestaltung: Martin Johna Kommunikationsdesign Köln

Herstellung und Verlag: BoD - Books on Demand, Norderstedt

ISBN 978-3-7347-7444-7

Inhaltsverzeichnis

Einleitung

Dieses Buch ist für Führungskräfte, die ihre Gesprächskommunikation mit Mitarbeitern erfolgreicher gestalten wollen. Projektleiter, die ohne hierarchische Weisungsbefugnis führen, sind ebenfalls willkommen. Anfänger in der Führungsrolle werden viel mitnehmen, hoffe ich. Für führungserfahrene Jahrgänge will die Schrift eine Ressource für gezielte Erweiterungen des eigenen Repertoires sein. Beide Zielgruppen finden im zweiten Teil Material zum anlassbezogenen Nachschlagen.

Herausforderung Mitarbeitergespräch

Was ist für Sie die Herausforderung bei Mitarbeitergesprächen?

Oft erleben Führungskräfte es als herausfordernd, Mitarbeiter zu bewegen, eine zu erledigende Aufgabe zu verstehen, aktiv mitzudenken und den Job dann intelligent, selbstständig und zügig umzusetzen. Viele Chefs loben wenig und manchen fällt es schwer, Kritik auszusprechen. Zur Führungsaufgabe gehört, Mitarbeitern nicht realisierbare Wünsche abzuschlagen oder ihnen unerfreuliche Nachrichten zu überbringen. Fähige und selbstbewusste Mitarbeiter haben Ansprüche an die Kommunikationsqualität ihrer Chefs. Die Sichtweisen und Argumente, die sie im Gespräch vortragen, sind vielfältig und für die Führungskräfte oft überraschend. Sie können den Chef herauskehren, aber wie weit kommen Sie damit? Wirklich gute und effektive Mitarbeitergespräche sind und bleiben auch für langjährig erfahrene Führungskräfte eine Herausforderung.

Einiges davon wurzelt in der je eigenen Persönlichkeit. Introvertierte Führungskräfte müssen einen Weg finden, mit Mitarbeitern ausreichend dicht zu kommunizieren und ihre Vorstellungen unmissverständlich deutlich zu machen. Extrovertierte Menschen müssen lernen zuzuhören und anderen Raum zu geben. Sachorientierte Kollegen müssen lernen den menschlichen Seiten des Lebens Aufmerksamkeit zu schenken, ohne ihre Stärken zu verleugnen und bei eher beziehungsorientierten Menschen ist es genau umgekehrt. Die Spontanen müssen lernen zu planen und sich vorzubereiten und Führungskräfte, die gewohnt sind, alles sorgfältig zu organisieren, müssen lernen auf unvorhergesehene Äußerungen ihrer Mitarbeiter im Gespräch einzugehen. Manche Chefs finden es schwierig, Leistungen und Erfolge ihrer Mitarbeiter anzuerkennen. Anderen fällt es schwer, persönliche Kritik zu äußern oder einen Mitarbeiter in einer heiklen Situation nachdrücklich zu befragen.

Auch die individuellen Mitarbeiter selber können sich als Herausforderungen erweisen. Manche Mitarbeiter haben unrealistische Vorstellungen von ihren Aufgaben und Fähigkeiten oder überzogene Gehaltsvorstellungen, inakzeptable Umgangsformen mit Kunden und Kollegen oder hätten gerne an Ihrer Stelle die Führungsaufgabe übernommen. Andere Mitarbeiter reagieren mit »Killerphrasen« auf Ihre Ideen oder üben sich in Ausreden und »Ja, aber...«-Spielen.

Auch die gesprächstechnischen Herausforderungen machen vielen Führungskräften zu schaffen:

- Die richtigen Gesprächsziele bestimmen
- Erwartungen an Verhalten und Aktionen der Mitarbeiter klar formulieren
- Einwände erkennen und adäquat behandeln
- Vorwände (»Ausreden«) erkennen und ausräumen
- Fragen stellen
- Den passenden Gesprächsstil wählen und bei Bedarf wechseln

Was immer für Sie die Herausforderung ist bei Mitarbeitergesprächen: Es gibt viele Wege, das eigene Repertoire zu erweitern. Und nur die wenigsten können für sich in Anspruch nehmen, damit schon »fertig« zu sein. Auch Sie können mit einer überschaubaren Investition an Zeit und Übung Ihren persönlichen Wirkungsgrad im Gespräch mit Mitarbeitern ausbauen! Dabei wird Ihnen dieses Buch behilflich sein.

Gebrauchsanweisung für das Buch

Wie kann man aus einem Buch lernen, erfolgreichere Mitarbeitergespräche zu führen? Machen Sie Ihren Arbeitsplatz als Führungskraft zu einem Ort beschleunigten Lernens! Dabei will diese Schrift Sie unterstützen.

Im ersten Teil finden Sie eine knappe und allgemeinverständliche Darstellung der theoretischen Grundlagen, verbunden mit vielen Hinweisen zur praktischen Umsetzung. Es gibt keine Praxis ohne Theorie, aber es gibt Leute, denen die Theorie, die ihr Handeln leitet, nicht bewusst ist. Deshalb empfehle ich Ihnen hier mit der Lektüre zu beginnen. Später können Sie vor allem die praxisrelevanten Hinweise in den einzelnen Kapiteln gezielt nachschlagen. Es soll aber nicht bei der Theorie bleiben. Sie finden in allen Kapiteln Aufgaben und Übungen, die Ihnen ermöglichen, sich intensiver mit dem Stoff und Ihrer eigenen Situation am Arbeitsplatz auseinanderzusetzen.

Der zweite Teil des Buches ist als alphabetisches Nachschlagwerk angelegt. Zur Vor- und Nachbereitung von Gesprächen können Sie dort gezielt nachschlagen und erhalten konkrete Hinweise zur Gesprächsvorbereitung und Durchführung.

Im dritten Teil finden Sie eine Anleitung zum aktiven Training und zur konkreten Gesprächsvorbereitung mit Hilfe Ihrer Webcam.

Beigefügt habe ich eine kleine Auswahl weiterführender Literaturhinweise und einen Personen- und Sachindex.

Arbeitsmaterialien, die im Text referenziert wurden, finden Sie zum Download auf der Website:

www.top-managementberatung.de/buch-erfolgreiche-mitarbeitergespraeche .

Meine Vita und Kontaktdaten befinden sich direkt vor dem Anhang. Ich freue mich über Ihr Feedback!

Und nun wünsche ich Ihnen Spaß bei der Lektüre und ganz viel Erfolg für Ihre Mitarbeitergespräche!

Köln, April 2015

Friedrich-Carl Sass

Die Rolle der Mitarbeitergespräche in einem systematischen Verständnis von Führung

Sie als Führungskraft interessieren sich vor allem dafür, was Ihre Mitarbeiter zur Aufgabenerledigung und zum Arbeitserfolg beitragen. Das ist letzten Endes, wofür Sie verantwortlich sind. Um Ihre Mitarbeiter zum Erfolg zu führen, stehen Ihnen diverse Führungsinstrumente und -techniken zur Verfügung. Da diese unterschiedlichen Logiken folgen, macht es Sinn, wenn Sie sich Ihr Führungsinstrumentarium als ein mehrstöckiges Gebäude vorstellen. Jedes Stockwerk erzeugt einen anderen Aspekt von Führung. Jedes hat seine spezifischen Erfordernisse und trägt auf seine Weise zu erfolgreichen Mitarbeitergesprächen bei (vgl. Abbildung).

Erdgeschoss: Beziehungsmanagement

Als Führungskraft sind Sie der primäre Ansprechpartner des Mitarbeiters für seine Beziehung zum Unternehmen. Dafür stehen Ihnen entsprechende Gesprächsformate zur Verfügung. Das beginnt bei der *Begrüßung*, wenn ein Mitarbeiter in

Ihre Organisationseinheit eintritt. In vielen Organisationen sind strukturierte *Jahresgespräche* zur Beziehungspflege üblich. In tariffreien Organisationen sind individuelle *Gehaltsgespräche* erforderlich, im Tarifbereich steht die *tarifliche Eingruppierung* der Mitarbeiter im Zentrum der Aufmerksamkeit. Es kann passieren, dass ein Mitarbeiter sich bei Ihnen *beschweren* möchte. Damit haben wir einige erste Anlässe von Mitarbeitergesprächen identifiziert.

Erster Stock: Direkte Steuerung

Die direkte Steuerung von Mitarbeitern besteht im Erteilen von *Anweisungen*, weiter in *Interventionen* mit dem Ziel einer Verhaltensänderung, sowie in direktem *Feedback* zur Umsetzung dieser Steuerungsimpulse, z.B. »Schon ganz gut, jetzt bitte noch etwas mehr nach links...«. Die direkte Steuerung ist in ihren Möglichkeiten begrenzt, z.B. ist Ihre persönliche Präsenz erforderlich. Im Führungsalltag haben die verschiedenen Techniken der indirekten Steuerung in den zurückliegenden Jahrzehnten enorm an Bedeutung gewonnen. Für viele Chefs »alter Schule« war und ist das eine schwierige Umstellung. Deshalb konzentrieren sich Managementgurus und –Trainer auf die Vermittlung der indirekten Steuerungstechniken. Doch auch wenn sie heute viel zurückhaltender eingesetzt wird: Die direkte Steuerung ist nicht tot. Als Chef benötigen Sie weiterhin die Fähigkeit, hier und jetzt eine Anweisung zu erteilen oder zu intervenieren, um einen Fehler zu verhüten. Und Sie müssen in der Lage sein, zu dem was Sie bei der direkten Steuerung erleben, Feedback zu geben. Damit haben wir drei weitere Gesprächsanforderungen identifiziert, die Sie im Praxisteil des Buches wieder finden.

Zweiter Stock: Indirekte Steuerung durch punktuelle Regeln und Pläne

Die einfachste Form der indirekten Steuerung bilden punktuelle Regeln und Pläne. Die *Delegation* von Aufgaben an Mitarbeiter zur eigenverantwortlichen Umsetzung gehört hier hin, ebenso das Aufzeigen von Regeln. Die Regeln und Pläne sollen auch dann handlungsleitend sein, wenn derjenige, der sie beschließt oder genehmigt, nicht anwesend ist. Leider funktioniert das nicht immer. Deshalb muss, wer Regeln erlässt, sie auch durchsetzen. Hierzu dient die *Intervention*, die *Ermahnung* und in hartnäckigen Fällen die *Abmahnung*. Punktuelle Regeln und Pläne sind das bevorzugte Jagdrevier der zentralen Organisationseinheiten (Controlling, Revision, Organisation, Personal usw.). Machen Sie als operative Führungskraft durchdachten und sparsamen Gebrauch davon!

Dritter Stock: Indirekte Steuerung durch Geschäftsprozesse

Eine höhere Stufe indirekter Steuerung bildet das Arbeiten mit Geschäftsprozessen. Ein Geschäftsprozess ist ein idealtypisches Abbild eines realen oder
geplanten Arbeitsablaufs. Eine Abfolge der vorgesehenen Arbeitsschritte wird festgelegt und den involvierten Mitarbeitern werden jeweils Arbeitsschritte
zugeordnet, so dass sich alles in einander fügt um das gewünschte Arbeitsresultat
zu erzeugen. Im Unterschied zur »wissenschaftlichen Arbeitsorganisation«
Frederick Taylors sowie der daran anschließenden Fließbandarbeit, müssen die
Einzelaktivitäten eines Geschäftsprozesses nicht bis auf die Ebene jeder Hand-
bewegung geplant sein. Sie können für sich durchaus komplex und anspruchsvoll
bleiben.

*Ein Beispiel hierfür sind Service-Hotlines. Die Aufgabe, mit leidgeprüften Kunden
adäquat zu kommunizieren, lässt sich auf kein Script reduzieren. Sie erfordert
kommunikatives Geschick im Umgang mit der konkreten Situation. Viele
Organisationen versäumen es, zum Leidwesen der Kunden, die Lösungskompetenz
ihrer Hotline-Mitarbeiter zu nutzen, indem sie ihnen zu geringe Entscheidungskompetenzen zuweisen. Frederick Taylor lässt grüßen.*

Geschäftsprozesse haben den Vorteil, dass man erfolgreiche, ganzheitliche und
zielorientierte Vorgehensweisen in organisierter Arbeitsteilung wieder und wieder
anwendet. Die rigorose Treue zum einmal definierten Vorgehen gibt Anlass zu der
Hoffnung, dass in effizienter Weise ein Arbeitsresultat von gleicher, hoher Qualität
erzielt wird. Der Prozess kann beobachtet und gemessen werden. Man kann
iterative Prozessverbesserungen durchführen oder ihn beizeiten durch einen
anderen Prozess ersetzen. In beiden Fällen kommt es zu Veränderungen und dabei
kommt die »unsichtbare Rückseite« zum Vorschein: Damit ein Geschäftsprozess
wie geplant ablaufen kann, muss gewährleistet sein, dass die betrauten
Mitarbeiter die wesentlichen Aktivitäten regelmäßig erfolgreich durchzuführen
vermögen. Das erfordert spezifisches Wissen und spezifische Fähigkeiten, oft in
Verbindung mit der eingesetzten Technologie, die ich Job-Kompetenzen nenne.
Wenn der Geschäftsprozess oder die Technologie geändert wird, muss die
Änderung auf der Ebene der Job-Kompetenzen von den Mitarbeitern mitvollzogen
werden, sonst wird die Veränderung scheitern. Betriebliche Verbesserungsmöglichkeiten werden meist in technologischen Fortschritten und Prozessverbesserungen gesucht. Alternativ kann man der Frage nachgehen, in wie weit
die Job-Kompetenzen der Mitarbeiter auf einem optimalen Stand sind und hier
Verbesserungen anstreben. Hierbei ist *Feedback für den Mitarbeiter* durch nichts
zu ersetzen. Wer im direkten Kontakt mit Leistungsempfängern ist (Kunden,

Patienten usw.), erhält auch von dort direktes Feedback. Erfahrene Kollegen geben hilfreiches Feedback. Für die Führungskräfte ist das *Feedback der Mitarbeiter* instruktiv.

Führungstechnisch bringen Geschäftsprozesse die Arbeit in geregelter, oft automatisierter Weise zum Mitarbeiter, was die Führungskraft von dispositiven Aufgaben entlastet. Die sich öffnende Welt der Job-Kompetenzen schafft eine neue Führungsaufgabe: Das Zusammenwirken von Geschäftsprozessen und Job-Kompetenzen zu verfolgen und die Mitarbeiter bei der Entwicklung ihrer individuellen Job-Kompetenzen zu begleiten. Das ist Thema eines *Personalentwicklungsgesprächs*, das Bestandteil des oben schon identifizierten *Jahresgesprächs* sein kann. Weitere Führungsgespräche stehen bei *Veränderungen* an.

Vierter Stock: Führen über Ziele

Indirekte Steuerung, im Unterschied zur direkten Steuerung, beginnt mit dem Führen über Ziele. Ziele werden dem Mitarbeiter *vorgegeben* oder verbindliche *Vereinbarungen* über die Ziele ausgehandelt, die er im Anschluss in eigenverantwortlichem Handeln anstrebt. Führen über Ziele wird in vielen Unternehmen in Form von Jahreszielvereinbarungen praktiziert. Nach meiner Ansicht noch wichtiger ist das Führen über Ziele im operativen Tagesgeschäft. Der Mitarbeiter operiert im Tagesgeschäft eigenständig und stimmt sich über Ziele und Vorgehensweisen und bei unerwarteten Schwierigkeiten fortlaufend in verabredeter Weise mit der Führungskraft ab. Das entspricht der heutigen betrieblichen Realität in vielen Unternehmen. In Bereichen mit hochqualifizierten und eigenverantwortlich tätigen Mitarbeitern, etwa im Vertrieb oder im Projektgeschäft ist das Führen über Ziele alternativlos. Die Führungskraft ist verantwortlich, dass die mit den verschiedenen Mitarbeitern vereinbarten Ziele zusammen passen und in Summe zum Erfolg der geführten Organisationseinheit führen. Gesprächstechnisch sind beim Führen über Ziele *jährliche Zielvereinbarungen* zu treffen, regelmäßige *Statusgespräche* zu führen, mit *operativen Zielvereinbarungen* oder *Zielvorgaben* und bei akuten Schwierigkeiten sind *Eskalationen* zu meistern.

Auch *Projekte* werden über Ziele geführt. Die *Projektziele* sind für das Projektteam handlungsleitend. Die damit verbundenen Teamprozesse und ihre Steuerung sind nicht Thema dieser Schrift. Für die Führung einzelner Mitarbeiter einschließlich des Projektleiters über individuelle Ziele sind die zielbezogenen Gesprächsformate im Praxisteil des Buchs direkt anwendbar.

Fünfter Stock: Führen mit Visionen

Auf den bisher besprochenen Stockwerken gestaltet sich die Führungsbeziehung als ein Prozess von Geben und Nehmen zwischen dem Mitarbeiter und dem von der Führungskraft repräsentierten Unternehmen. Dies wird in der Literatur passend als *transaktionale Führung*[1] bezeichnet. Auf den beiden obersten Stockwerken geht es um das Führen mit Visionen und Werten. Das ist keine Frage des Gebens und Nehmens. Gemeinsame Visionen und Werte können einer Organisation enorme Glaubwürdigkeit nach außen verschaffen und gleichzeitig ihre vorhandene eigene Energie so bündeln, dass Aktionen äußerst effektiv sind. Das Commitment zu Visionen und Werten kann man nicht auf dem Arbeitsmarkt kaufen. Die Entscheider und Führungskräfte einer Organisation können durch visionäre und wertorientierte Führung dazu einladen. Es hängt auch von den Mitarbeitern ab, wie bereitwillig sie sich Visionen und Werte zu eigen machen und sie aktiv mitgestalten. Mit Bezug auf diesen Prozess spricht man von *transformativer Führung*[2].

Führen mit *Visionen* geht also mehr als einen Schritt über das Führen über Ziele hinaus. Was ist eine Vision? Darunter verstehe ich eine durchdachte Vorstellung von einem anzustrebenden zukünftigen Zustand. Menschen besitzen die Fähigkeit, Visionen zu teilen. Ja, Visionen wirken ausgesprochen magnetisch und einladend. Sie ermöglichen es vielen Menschen mit unterschiedlichen Fähigkeiten, eine gemeinsame Blickrichtung aufzunehmen und ihre Kräfte auf die Erreichung eines gemeinsamen Ziels auszurichten. So kann das einzelne menschliche Individuum zu einem Vorhaben beitragen, dessen Umfang über die eigenen Kräfte und dessen Bedeutung über die individuelle Existenz hinausragt. Damit eine Vision handlungsleitend wirken kann, muss sie klar und durchdacht sein. Ist das gelungen, lassen sich die anfallenden Entscheidungen des Tagesgeschäfts vom Standpunkt des angestrebten Zielzustands, der Vision, beurteilen. Und das vermögen im Tagesgeschäft dazu »ermächtigte«, eigenverantwortlich handelnde Mitarbeiter.

Wie entsteht eine Vision? Als Führungskraft spielen Sie in ihrem Umfeld eine aktive, treibende Rolle. Beziehen Sie Ihre Mitarbeiter, vor allem die Leistungs-

---

[1] Siehe zum Beispiel: Bass, B. M. & Avolio, B., Improving Organizational Effectiveness Through Transformational Leadership, Thousand Oaks, 1994

[2] ebenda

träger, unbedingt in den Prozess mit ein. Viele unterschiedlich »tickende« Hirne verstehen genauer und vielseitiger, worum es geht. Gemeinsam finden Sie die entscheidenden Ansatzpunkte. Eine gemeinsam mit Ihren Mitarbeitern erarbeitete Vision findet in der Umsetzung den erforderlichen Rückhalt. Ist die Vision von Ihnen allein entwickelt, wird sie nur zu schnell und ohne dass Sie es bemerken, insgeheim als unausgereifte »fixe Idee des Chefs« gehandelt.

Visionäre Führungskräfte können einen Zielzustand imaginieren und in buchstäblich mitreißender Weise kommunizieren. Diese Fähigkeit nutzen sie auch im Einzelgespräch, um Unterstützung für ihre Vision zu sammeln. Aus der Vision lassen sich Ziele und Maßnahmen ableiten und führungstechnisch wie beim Führen über Ziele behandeln. Dabei ist Führung über Visionen für Führungskräfte wie Mitarbeiter anspruchsvoller. Letzten Endes zählt nicht die Erreichung statischer individueller Ziele, sondern oberstes Bewertungskriterium ist der Beitrag zur Verwirklichung der Vision.

Verfügen Sie über eine Vision, was Sie in den nächsten zwei bis drei Jahren in Ihrem Verantwortungsbereich erreichen wollen? Die Erarbeitung einer Vision ist nicht Thema dieses Buches. Sie sollten sich aber bewusst machen, über welches visionäre Kapital Sie verfügen. Denn eine Vision hat magnetische Kraft, sie zieht die Mitarbeiter in Ihr Kielwasser und macht Vieles einfacher im Mitarbeitergespräch.

Aufgabe: Über welches visionäre Kapital verfügen Sie aktuell?

Wie haben Sie Ihre aktuellen Aufgaben durchdrungen, um positive Verbesserungen in den nächsten Jahren zu gestalten? Bitte nehmen Sie Papier und Stift und notieren Antworten auf folgende Fragen:

- Welche Verbesserungen der in Ihrem Verantwortungsbereich erstellten Produkte oder Dienstleistungen wollen Sie erzielen, die von Ihren Leistungsabnehmern (externe und interne Kunden, Patienten, Lernende usw.) als vorteilhaft erlebt würden?
- Welche Leistungsabnehmer wollen Sie in Zukunft bedienen?
- Sehen Sie Chancen, mit dem Leistungsvermögen Ihres Verantwortungsbereichs neue Zielgruppen zu erschließen?
- Macht es Sinn, sich auf bestimmte Bedürfnisse Ihrer bisherigen Zielgruppen zu fokussieren?
- Wie wollen Sie Ihre Botschaft der Zielgruppe vermitteln?

- Welche Verbesserungen wünschen Sie sich in Bezug auf die Mitarbeiter? Anzahl, Qualifikation, Motivation, Befähigungen, Arbeitszeiten und Entgeltregelungen – bedenken Sie, was wichtig ist, um den Erfolg zu gestalten.
- Welche Verbesserungen der Geschäftsprozesse wollen Sie erzielen? Prozessqualität, Materialverbrauch, Durchlauf- und Lieferzeiten, Personaleinsatzplanung, Risikomanagement – es gibt eine Menge Optimierungspotential.
- Welche zusätzlichen Vorteile wollen Sie Ihrer Gesamtorganisation erschließen? Gesteigerte Umsätze, Ergebnisbeiträge oder Kostensenkungen sind immer willkommen.
- Können Sie andere Teile Ihrer Organisation mit Ihrem Knowhow unterstützen? Welche sonstigen qualitativen Leistungen können Sie anbieten?

Zum Schluss nehmen Sie bitte eine erste Einzelbewertung Ihrer visionären Ideen vor. Wäre die Verwirklichung von geringem bis mittleren, oder mehr von mittlerem bis hohem Wert? Alle Ideen mit mittlerem bis hohem Wert zählen drei Punkte. Bei den übrigen Ideen fragen Sie ergänzend, ob der Aufwand für die Verwirklichung eher gering bis mittel oder mittel bis hoch wäre. Ideen mit geringem bis mittlerem Nutzen und Aufwand zählen einen Punkt. Die übrigen Ideen weisen ein ungünstiges Aufwand/Nutzen-Verhältnis auf - eher geringer Nutzen, eher hoher Aufwand - und werden nicht mitgezählt. Wie viele Punkte haben Sie erreicht?

Unter 10 Punkte Entweder sind Sie noch neu in der Aufgabe oder visionäres Führen ist nicht Ihre Stärke. Jedenfalls ist Ihr visionäres Kapital derzeit nicht sehr ausgeprägt.

10 bis 20 Punkte Ihr visionäres Kapital ist vielversprechend und noch ausbaufähig. Wenn Ihre Ideen gut sind, und Sie sich hartnäckig dahinterklemmen, dann werden Sie damit einiges erreichen.

Mehr als 20 Punkte Sie sind mit visionärem Kapital gut ausgestattet. Konzentrieren Sie sich auf die vielversprechendsten Verbesserungen und nehmen Sie sich nicht zu viel auf einmal vor!

Sechster Stock: Führen durch Werte

Die höchste Ebene der Führung ist die über Werte. Man kann Werte verbalisieren, ihre glaubwürdigsten Manifestationen finden sich aber im Handeln. Wertorientierungen offenbaren sich im Umgang mit bestimmten Gruppen, etwa den Kunden, Mitarbeitern, Lieferanten, Kreditgebern oder der Öffentlichkeit. Diese Gruppen stehen in einer Beziehung zum Unternehmen und besitzen Anspruch auf bestimmte Leistungen. Sie haben ein berechtigtes Eigeninteresse an Entwicklung und Wohlergehen des Unternehmens und werden deshalb als Stake Holder bezeichnet. Die Managementliteratur zurückliegender Jahrzehnte[3] sah den pfleglichen Umgang mit ihnen als Grundlage nachhaltigen wirtschaftlichen Erfolgs. Eine Koalition von Finanzmarktakteuren, Managementexperten für Kurzzeitoptimierung und praxisfernen Wirtschaftswissenschaftlern vertrat nicht ohne Wirkung in den letzten Jahrzehnten den Standpunkt, die Daseinsberechtigung von Unternehmen erschöpfe sich im Erzielen von Gewinn. Das einzig legitime Ziel unternehmerischen Handelns sei die (kurzfristige) Steigerung des Unternehmenswerts (»Shareholder Value«). Im Rückblick wird klarer, dass diese Theorie, die viele erfolgreiche Unternehmer nie teilten, in einem Zusammenhang mit den Exzessen der Finanzmärkte zu sehen ist. Inzwischen lebt das Stake Holder Management wieder auf[4]. Stabile Beziehungen zu Kunden, Mitarbeitern, Geldgebern usw. bilden für Handlungsmöglichkeiten und Chancen essentielle Ressourcen des Unternehmens. Nachhaltig erfolgreiches Wirtschaften orientiert sich an Werten, in denen die Interessen der Stake Holder angemessene Berücksichtigung finden. »Konvergente ökonomische, soziale und politische Kräfte fordern den Unternehmen ab, ihre Mitarbeiter, Kunden und die Gemeinschaft

---

[3] „Selbst die größte Organisation ist unwirklich verglichen mit der Wirklichkeit der Umgebung, in der sie existiert. Genauer gesagt, gibt es keine Resultate innerhalb der Organisation. Alle Resultate werden außerhalb erzielt. Die einzigen geschäftlichen Resultate werden zum Beispiel durch einen Kunden produziert, der die Kosten und Mühen des Unternehmens in Umsatz und Profit verwandelt durch seine Bereitschaft, sein Einkaufsbudget gegen die Produkte und Dienste des Unternehmens zu tauschen." (s.14) „Eine Organisation ist ein Organ der Gesellschaft und erfüllt ihren Zweck durch den Beitrag, den sie für ihre äußere Umgebung leistet." (S. 16) Drucker, Peter F., The Effective Executive, London 1967, Übersetzung der Zitate durch den Autor.

[4] Zum Beispiel in der wissens- und kompetenzbasierten Unternehmenstheorie, vgl. Moldaschl, Manfred und Stehr, Nico, Eine kurze Geschichte der Wissensökonomie, in: dies., Wissensökonomie und Innovation, Marburg 2010

besser zu behandeln. Die Leute erwarten, dass die Unternehmen, die in ihrem Leben eine Rolle spielen, gutartige Zeitgenossen sind«, so die amerikanische Ökonomin und Beraterin Laurie Bassi [5].

Welche Werte zählen in Ihrer Organisation? Welche Bedeutung wird den verschiedenen Gruppen von Stake Holdern zugesprochen? Welche Bedeutung zeigt sich in Ihrem Verantwortungsbereich? Welche Verpflichtungen ergeben sich für Sie und Ihre Mitarbeiter, die für Sie unter keinen Umständen zur Diskussion stehen? Wenn Sie in der Lage sind, Wertorientierungen in klare und überzeugende Worte zu fassen und glaubwürdig vorzuleben, erleichtern Sie es Ihren Mitarbeitern, Entscheidungen zu treffen. Klare Wertorientierungen sind ein wirksamer Faktor, der Ihre Mitarbeitergespräche vereinfachen wird.

---

[5] Laurie Bassi, Good Company, San Francisco 2011, S. ix, deutsche Übersetzung des Zitats durch den Autor.

Die richtige Einstellung finden

Menschen haben ihren eigenen Kopf

Wir Menschen haben unseren eigenen Kopf. Alles, was wir bewusst anfangen, muss dort hindurch, denn nur vermittels unserer eigenen Vorstellungen können wir unser Handeln aktiv steuern. Der prinzipielle *Eigensinn* der Menschen ist für Führungskräfte eine Herausforderung. Sie wollen, dass Ihre Mitarbeiter etwas Bestimmtes tun oder lassen. Warum, zum <٭٭٭> machen die es einfach nicht? Trotz vermeintlicher hierarchischer Macht haben viele Chefs ihre Not, die Mitarbeiterinnen und Mitarbeiter dorthin zu leiten, wo sie hin sollen. Da Sie den Eigensinn Ihrer Mitarbeiter weder verbieten noch abschaffen können, selbst wenn Sie es wollten, müssen Sie einen Weg finden, damit positiv umzugehen. Den Eigensinn der Mitarbeiter hinnehmen, ja, respektieren und trotzdem zum Ziel kommen, geht das? Aber ja, natürlich geht das. Lassen Sie uns dafür den menschlichen Eigensinn genauer verstehen anhand der Begriffe Motivation, mentales Modell und Lösungskompetenz.

Motivation

Wieso haben Sie sich für den Job zu entschieden, den Sie ausüben? Was bedeutet Ihnen Ihre tägliche Arbeit, über die Tatsache hinaus, dass man Geld verdienen muss? Macht Ihnen Ihre Arbeit Freude oder gar Spaß? Wie wichtig ist für Sie die Zusammenarbeit mit Ihren Kolleginnen und Kollegen? Was sind Sie bereit zu geben für Ihren Erfolg im Job? Besitzen Sie Ehrgeiz für einen nächsten beruflichen Entwicklungsschritt? Und wie steht es um Ihre persönliche Balance zwischen Beruf und Familie, Freunden und Hobbies? Gibt es in Ihrem Privatleben derzeit Ereignisse oder Aufgaben, die einen beträchtlichen Teil Ihrer Energie aufzehren? Etwa der Verlust eines nahen Angehörigen, ein Pflegefall, oder eine schmerzhafte Trennung? Leiden Sie an körperlichem Verschleiß im Arbeitsprozess oder an einer Krankheit, die Ihre Arbeitsfähigkeit einschränkt? Auf diese und ähnliche Fragen haben verschiedene Menschen verschiedene Antworten. Wenn Sie wissen, welches die Antworten Ihrer Mitarbeiter sind, wissen Sie schon einiges über deren Motivation am Arbeitsplatz. Auch das, was die Mitarbeiter dort erleben, hat Auswirkungen auf ihre Motivation. Erfolgserlebnisse, Anerkennung und produktive Beziehungen mit Chefs und Kollegen sind positive Motivatoren. Leistungsfähige Mitarbeiter erleben Eigenverantwortung als motivierend. Der direkte Kontakt mit Leistungsempfängern wie Kunden, Patienten oder Lernenden kann motivierend erlebt werden. Ausgesprochene Demotivatoren sind anhaltende Über- oder Unterforderung, ein negatives Betriebsklima sowie als inadäquat erlebtes Führungsverhalten des direkten Chefs oder des Top-Managements.

Die Motivation Ihrer Mitarbeiter ist eine komplexe, individuell geprägte und sich beständig verändernde Angelegenheit. Einflussfaktoren, die direkt am Arbeitsplatz verwurzelt sind, liegen in Ihrem Einflussbereich. Aus anderen Einflüssen, wie dem Lebenskonzept eines Mitarbeiters oder seinen privaten und gesundheitlichen Umständen, können Sie nur gemeinsam mit ihm das jeweils Beste machen.

Mentale Modelle[6]

Die meisten Handlungen steuern wir unbewusst mittels eingespielter Routinen, über die wir nicht mehr bewusst nachdenken. Menschen, die das Fahrradfahren beherrschen, können nicht ohne weiteres beschreiben, wie sie es schaffen, zwischen der rechten und der linken Seite die Balance zu halten. Sie fahren sogar Kurven, ohne vom Fahrrad zu fallen. Offensichtlich ist die Steuerungsleistung nicht trivial, sie erfolgt unbewusst anhand von angeeigneten Handlungsroutinen, die als mentale Modelle bezeichnet werden. Mentale Modelle sind Verwandte unserer Gewohnheiten. Sie geben uns die Sicherheit, über eine erfolgversprechende Vorgehensweise zu verfügen, um unsere Kräfte zielgerichtet einzusetzen und das zu erreichen, was wir erreichen wollen. Mentale Modelle spielen am Arbeitsplatz eine Rolle. Knowhow – auf Deutsch: gewusst wie – mag theoretisches Wissen erfordern. Im Kern ist es aber das in Form von mentalen Modellen individuell gespeicherte Handlungswissen, aus dem sich berufliches Knowhow konstituiert. Die Aneignung mentaler Modelle kann durch Ausprobieren, Nachahmen oder gezielte Anleitung geschehen. Es ist immer ein unumgänglicher individueller Lernprozess, für den es keine Abkürzung gibt. Ausgeprägte individuelle Unterschiede beim Arbeitserfolg bei scheinbar vergleichbaren Voraussetzungen beruhen meist auf einer unterschiedlichen Aneignung mentaler Modelle für die konkreten Arbeitsaufgaben. Dies schlägt sich in der allgemeinen Sicherheit, Zielstrebigkeit und Geschwindigkeit der Bearbeitung sowie unterschiedlicher Ausführungsqualität im Detail nieder. Die mentalen Modelle prägen das Erleben Ihrer Mitarbeiter davon, was sie können und wie sie es können. Verbesserte Arbeitsabläufe erfordern nicht nur gutwillige Veränderungsbereitschaft, sondern die Aneignung neuer oder verfeinerter mentaler Modelle, was Mühe und Zeit

---

[6] Zum Begriff des mentalen Modells siehe
http://de.wikipedia.org/wiki/Mentales_Modell.

erfordert. Die mentalen Modelle prägen also auf unsichtbare Weise die unterschiedlichen inneren Vorstellungen, die sich Ihre Mitarbeiter von ihren Aufgaben machen. Sie sind eine Komponente des Eigensinns.

Lösungskompetenz

Mentale Modelle helfen enorm bei der Lösung von wiederkehrenden Aufgaben. Aber auch für die Suche nach einem uns bisher unbekannten Lösungsweg sind wir ausgestattet. Wir können uns erkundigen, wie andere in ähnlichen Situationen agieren oder durch eigene Überlegungen und Experimente einen neuen Lösungsweg erkunden. Menschen, die häufig neue Lösungen finden müssen, entwickeln auch dafür mentale Modelle. Man spricht dann von Lösungskompetenz. Wenn Menschen mit geringer Lösungskompetenz mit Anforderungen konfrontiert werden, für die sie keine mentalen Modelle verfügbar haben, löst das Unsicherheit aus. »Wie soll das gehen?« Manche Menschen glauben dann: »Das geht nicht«, was so viel heißt wie »Ich habe keine Ahnung, wie ich das machen soll und ob es überhaupt machbar ist«. Kann etwas Schlimmes passieren, wenn es nicht gleich klappt? Unter Erfolgsdruck wird aus Unsicherheit schnell Angst. Die kann helfen, unsere Kampf- oder Fluchtreflexe zu mobilisieren. Bei der Aneignung neuer mentaler Modelle wirkt sie blockierend.

Grundsätzlich sind Menschen in der Lage, Probleme zu lösen. Das gilt besonders für Probleme auf ihrem erlernten Fachgebiet. Wenn sie dennoch geringe Lösungskompetenz an den Tag legen, ist das eine Art bescheidener Trainingszustand, der prinzipiell behebbar ist. Bisweilen trifft man auf die hartnäckige Weigerung, an aktiven Problemlösungen teilzunehmen. Das kann eine Art von Lebenskonzept sein (»Ich bin blöd«). Oder es ist eine zur Gewohnheit gewordene Reaktion auf einen Chef, der auf »Mikromanagement« versessen ist. Nach dem Motto: »Wenn der Chef schon alles am besten weiß, dann soll er mir auch genau sagen, was ich machen soll«. Die Lösungskompetenz Ihrer Mitarbeiter kann durch Übung entwickelt werden. Hier und jetzt müssen Sie die Leute aber nehmen wie sie sind.

Eigene Ängste beherrschen

Für Mitarbeiter ist es schwer vorstellbar: Viele Führungskräfte werden in ihren Mitarbeitergesprächen von Ängsten behindert. Sie scheuen sich, an Mitarbeiter Anforderungen zu stellen oder Konflikte anzugehen. Was befürchten sie?

Angst, die Sympathie der Mitarbeiter zu verlieren

Eine häufige Angst ist, die Sympathie der Mitarbeiter zu verlieren. Darüber hinaus möchte man nicht gerne als »harter Hund« unter den Mitarbeitern im Hause gesehen werden.

Diese Angst ist unbegründet. Mitarbeiter wissen, dass Führungskräfte es nicht allen Recht machen können. Sie erwarten sogar, dass der Chef oder die Chefin in der Lage ist, dort wo es im Interesse des »Ganzen« erforderlich ist, einzelnen Kollegen Grenzen zu setzen und bestimmte Leistungen einzufordern. Führungskräfte, die dabei einknicken, verlieren die Achtung ihrer Mitarbeiter. Anspruchsvolle Chefs haben eine magnetische Anziehung auf leistungsfreudige Mitarbeiter. Umgekehrt ziehen schwache Chefs schwache Mitarbeiter an. Nach einigen Jahren ist das Team ein Spiegelbild der Führungskraft – diese Aussage ist als »Biotoptheorie« bekannt.

Angst, den Mitarbeiter zu verlieren

Viele befürchten, dass ein Mitarbeiter sich einen anderen Job sucht, sobald er sich kritisiert oder in seinen Freiheiten eingeschränkt fühlt. Deshalb scheuen sie sich, korrigierend einzugreifen oder Konfliktthemen direkt anzusprechen. Diese Angst ist in der Regel nicht realistisch. Der Wechsel des Arbeitgebers ist für einen Arbeitnehmer mit Anstrengungen und Risiken verbunden. Wenn die Beziehung ansonsten in Ordnung ist, wird kein gescheiter Mensch wegen eines korrigierenden Hinweises der Führungskraft gleich die Flucht ergreifen. Umgekehrt bewirkt das Wegschauen der Führungskraft etwas. »Wer duldet, legitimiert«, sagt mein Kollege Peter Schabacker. Wenn eine Führungskraft das gleiche Verhalten, das sie heute duldet, morgen beanstandet, wird der Mitarbeiter sagen: »Das mache ich doch die ganze Zeit schon so. Sie haben nie was gesagt. Warum jetzt auf einmal?« Und diese Frage ist berechtigt! Durch die Duldung hatte die Führungskraft das Verhalten des Mitarbeiters legitimiert. Nun ist der Aufwand an Führungsenergie entsprechend höher, doch noch korrigierend einzugreifen.

Wenn Mitarbeiter gewohnt sind, über eigene Fehler mit der Führungskraft offen und konstruktiv zu kommunizieren, braucht sich die Führungskraft solche Sorgen nicht machen. Solche Gewohnheiten in der Führungsbeziehung entstehen nicht durch Zufall. Es beginnt damit, dass die Führungskraft in kleinen Fragen Konsequenz zeigt und zugleich eine konstruktive Fehlerkultur vorlebt.

Angst, im Konfliktfall alleine dazustehen

Manche sind sich nicht sicher, ob im Falle eines eskalierenden Konflikts mit einem Mitarbeiter ihr eigener Chef und die Geschäftsleitung hinter ihnen stehen.

Dort, wo zu solchen Sorgen realer Anlass besteht, ist das eine berechtigte Angst. Wenn der direkte Chef bzw. die Chefin in der Führungsrolle ein Versager ist, ist es mit Risiken verbunden, konsequent zu führen. Es gibt verschiedene taktische Varianten, damit umzugehen, die aber alle nicht wirklich befriedigen.

Feedback ist besser als ungewisse Ängste

Die angesprochenen Ängste beruhen zu Teilen auf Nichtwissen über die aktuellen Wahrnehmungen und Haltungen anderer. Manche Beunruhigung können Sie vermeiden, wenn Sie es sich zur Gewohnheit machen, die Haltungen der Anderen im Gespräch zu erkunden und sich Feedback geben zu lassen. Wenn ein Konflikt mit einem Mitarbeiter zu eskalieren droht, involvieren Sie proaktiv Ihre Führungskraft, die Personalabteilung und den Betriebsrat und hören sich an, was die Ihnen empfehlen. Sie wissen dann, wie Sie wahrgenommen werden. Die Ungewissheiten werden dadurch ausgeräumt oder reduzieren sich auf ein erträgliches Maß.

Umgehen mit den Ängsten der Mitarbeiter

Haben Ihre Mitarbeiter Angst vor Ihnen? Die meisten Chefs werden diese Frage verneinen. Mitarbeiter haben heutzutage Rechte und brauchen sich von ungeschickten oder anmaßenden Chefs keineswegs alles gefallen lassen. Manchmal sind es gerade die Chefs, die insgeheim vor Konflikten mit als »schwierig« erlebten Mitarbeitern Angst haben.

Doch aus Mitarbeitersicht stellt sich die Sache anders dar. Im Erleben des Mitarbeiters ist der Chef ein ungleicher und latent gefährlicher Gesprächspartner. Er kann unbequeme Anweisungen geben oder Entscheidungen treffen, die die eigenen Vorstellungen durchkreuzen. Bei wichtigen persönlichen Anliegen wie

Gehaltserhöhungen und Beförderungen ist die Unterstützung des Chefs unabdingbar. Wer steht bei der nächsten Umorganisation auf der Kündigungsliste? Für die Sicherheit des eigenen Arbeitsplatzes gilt in der Wirtschaft eine gute Beziehung zum Chef als vorteilhaft. Besonnene Mitarbeiter behandeln die Beziehung zum Chef mit Sorgfalt und hoher Priorität und lassen im Gespräch mit ihm Vorsicht walten.

Wenn aus Vorsicht Angst wird

Nur zu schnell wird aus Vorsicht Angst. Angst, Fehler zu machen und dafür bestraft zu werden. Angst, dass die Fehler, die man bereits begangen hat, entdeckt und bestraft werden. Angst, wegen abweichender Ansichten die Unterstützung des Chefs zu verlieren oder vor den Kollegen bloßgestellt zu werden. Angst davor, bei ungebührlichen Äußerungen, die der Chef als Kritik verstehen könnte, in die Schranken der Hierarchie und geringeren sozialen Stellung verwiesen zu werden.

Die Angst der Mitarbeiter ist gefährlich. Edgar H. Schein verweist in seiner lesenswerten Schrift »Humble Inquiry«[7] auf Untersuchungen darüber, wie häufig in Operationssälen Kunstfehler der Chirurgen von den übrigen, hierarchisch und sozial geringer gestellten Mitarbeitern zwar bemerkt, aber mit Rücksicht auf die Hierarchie und die erwartete Reaktion des Chefs nicht angesprochen werden. Fatal für den Patienten! Ähnliche Fälle gab es im Cockpit von Flugzeugen, wo es bei Fehlern schnell um sehr viele Menschenleben geht. Wie gefährlich sind in Ihrem Betrieb mögliche Fehler, wenn sie aus Angst verdrängt und vertuscht statt verhindert werden? Nicht überall und immer geht es um Leben und Tod. Was kostet es Sie und Ihren Betrieb, wenn Mitarbeiter berechtigte Einwände und Verbesserungsvorschläge für sich behalten? Wenn sie Ihnen »lauwarm« zustimmen oder sich hinter Vorwänden verstecken? Unter Umständen bemerken Sie die Ängste Ihres Gesprächspartners gar nicht. Doch Ängste behindern das Denken. Ein Gesprächspartner, der von Ängsten geplagt wird, ist in diesem Zustand für Ihre Ideen nicht erreichbar.

Hierarchien und die damit verbundene Macht von Chefs sind eine Tatsache des sozialen Lebens, die so schnell nicht verschwinden wird. Die Macht der Chefs ist geliehen von der Gesamtorganisation. Sie soll sie befähigen, »ihren« Bereich im Einklang mit den Interessen der Gesamtorganisation zu führen. Die Gesamtorganisation wiederum bezieht ihre innere Macht aus dem Auftrag,

---

[7] Edgar H. Schein, Humble Inquiry, San Francisco 2013

bestimmte Leistungen für den Rest der Welt zu erbringen. Über den Markt, Eigentumsstrukturen und gesetzliche Regeln wird sie an die Interessen anderer gebunden. Keine Organisation besteht nur für sich. Organisationen haben einen Auftrag und um ihn erfüllen zu können, müssen sie in der Lage sein, unter den einzelnen Organisationseinheiten und Mitarbeitern auftragskonformes Verhalten durchzusetzen. Aus diesen Gründen führen Vorschläge in die Irre, Hierarchien und die damit verbundenen Machtungleichheiten im Betrieb abzuschaffen oder so zu tun, als wenn es sie nicht gäbe.

Es stellt sich vielmehr die Frage, durch welches Verhalten Führungskräfte und Mitarbeiter den angesprochenen Gefahren entgegenwirken können. Der bedeutendste Treiber von Angst im Betrieb sind »Macho«-Führungskräfte, die sich für Superman halten, einseitig mit Druck regieren, Leistung und Person von Mitarbeitern abwerten und die Botschaft vermitteln, dass es gefährlich ist, anderer Meinung zu sein als sie. Was kann man da machen? Der schon zitierte Ed Schein plädiert für persönliche Bescheidenheit. Das ist ein guter Ansatz, soweit es Sie selbst betrifft. Was aber, wenn Ihr Chef oder der Chef Ihres Chefs das Problem ist? Manchmal braucht es Mut. Achten Sie nur darauf, dass Sie nicht weniger klug sind als mutig.

Man kann es auch anders sehen. Falls Ihr oberster Chef ein arroganter Superman-Ersatz sein sollte, der eine Kultur der Angst verbreitet, dann ist das ein Problem. Wenn Sie der Teamleiter XYZ sind, werden Sie dieses Problem mit tugendhaftem Verhalten Ihrerseits nicht lösen, und wenn Sie ein Heiliger wären. Es liegt in der Hand anderer, die die Aufgabe haben, Ihren Superman-Chef zu kontrollieren. Irgendwann werden sie es tun und manchmal geht es erstaunlich schnell. Solange müssen Sie damit leben oder sich was anderes suchen. Wenn Sie sich entschließen, damit zu leben, bleiben Ihnen immer noch interessante Gestaltungsspielräume.

Und damit komme ich zu den positiven Vorschlägen. Es gibt Möglichkeiten, der Angst systematisch die Energiezufuhr zu entziehen. Jede Führungskraft kann davon Gebrauch machen. Und wenn es Mut braucht – hier ist er gut investiert.

Fehlerkultur

Menschen machen Fehler. Wie reagiert das Umfeld in einer Organisation darauf? Der allererste Reflex zeigt, wie eine Organisation »tickt«. Die rationalste Reaktion ist: »Was ist jetzt zu tun? Wie können wir das Schlimmste verhüten oder die Sache ausbügeln?«. Meistens kann man eine Menge tun, wenn der Fehler frühzeitig aufgedeckt wird. Eine Organisation, die so reagiert, darf man als lösungsorientiert bezeichnen. Wenn getan ist, was durch schnelles Handeln erreicht werden kann, ist es Zeit zum Lernen. Wie konnte das geschehen? Wie kann man den Fehler in Zukunft vermeiden? Nur in gravierenden Fällen, etwa bei Verstößen gegen Sicherheitsvorschriften, Fahrlässigkeit oder Gesetzesverstößen werden die betreffenden Mitarbeiter zur Verantwortung gezogen. Mitarbeiter dagegen, die in guter Absicht die falschen Entscheidungen getroffen haben, werden dafür nicht sanktioniert. Sie sollen aus dem Misserfolg lernen und einen Ansporn ziehen, diesen Fehler nicht zweimal zu machen. Mit anderen Worten, in einer rationalen Organisation werden Fehler als unvermeidbare, gemeinsam zu meisternde Herausforderung im Arbeitsprozess behandelt. Oft es ist besser, das Risiko einer Fehlentscheidung einzugehen, als untätig abzuwarten.

In manchen anderen Organisationen ist der Umgang mit Fehlern perfekt irrational. Die erste Frage bei einem Fehler ist dort: »Wer war es?«. Diese Frage ist nicht immer einfach zu beantworten, denn je nachdem, wie man die Sache betrachtet, haben oft Viele zu einem ungünstigen Ereignis beigetragen. Da dem Schuldigen Strafe droht, macht sich Angst breit. Sofort verwenden alle Verdächtigen und die, die sich dafür halten, ihre Energie darauf, sich von jeder Mitverantwortung reinzuwaschen. Nicht jeder nimmt es mit der Wahrheit genau, wenn es darum geht, die Verantwortung dem Kollegen zuzuschieben. So leidet die Wahrhaftigkeit und das Vertrauen unter den Mitarbeitern unter der Suche nach dem Schuldigen. Ist der Sündenbock ausgemacht, geht ein entspanntes Aufatmen durch die Reihen. In einer solchen Organisation kümmert sich bei Fehlern jeder darum, sich selbst zu schützen. Niemand hat es eilig, den Schaden einzudämmen oder daraus zu lernen.

Fehlerkultur in diesem Sinne bedeutet, mit der menschlichen Fehlbarkeit so umzugehen, dass unterlaufene Fehler früh aufgedeckt werden, die Folgen schnell und effektiv eingedämmt werden und zugleich für die Organisation ein Lerneffekt erzielt wird. Der wichtigste Einflussfaktor für eine positive Fehlerkultur sind die Führungskräfte. Den größten Einfluss haben selbstverständlich die obersten Chefs, aber jede einzelne Führungskraft kann ihre Spielräume nutzen und den Mitarbeitern eine rationale Fehlerkultur vorleben, die Ängste vermeiden hilft.

Reflektionsaufgabe: Stand der Fehlerkultur in Ihrem Unternehmen

Bitte beantworten Sie sich die folgenden Fragen:

- Geben Mitarbeiter einen Fehler, für den sie verantwortlich sind, freimütig zu oder suchen sie nach Ausflüchten und Relativierungen?
- Werden Fehler einzelner Mitarbeiter bei der Arbeit »bestraft«?

- Haben Mitarbeiter, denen ein Fehler unterlaufen ist, Angst entdeckt zu werden?
- Angenommen, Mitarbeiter A macht einen Fehler und Mitarbeiter B bemerkt es. Macht Mitarbeiter B den Kollegen (kollegiale Fehlerkultur) oder die Führungskraft (hierarchische Fehlerkultur) auf den Fehler aufmerksam? Oder schaut Mitarbeiter B aktiv weg?
- Akzeptieren Mitarbeiter, wenn ein Kollege sie auf einen Fehler aufmerksam macht und bedanken sich (kollegiale Fehlerkultur)?
- Werden Fehler in der Regel frühzeitig entdeckt und behoben oder erst im letzten Augenblick, wenn »Wegschauen« unmöglich wird?
- Wohin zielt die emotionale Energie der Mitarbeiter, wenn es zu einem Fehler gekommen ist? Zur Klärung der »Schuldfrage« oder zur Problemlösung?
- Wenn Sie als Führungskraft einen Fehler machen und einer Ihrer Mitarbeiter bemerkt es, wird der Mitarbeiter Sie auf den Fehler hinweisen?
- Werden Sie den kritischen Hinweis des Mitarbeiters auf einen Fehler, der Ihnen unterlaufen ist, als hilfreich akzeptieren? Selbst dann, wenn es sich nach Ihrer Ansicht gar nicht um einen Fehler handelte?
- Führen Fehler, die leicht wieder unterlaufen können zu einem Lernprozess und zu Vorkehrungen, wie der Fehler in Zukunft zu vermeiden ist?

Wenn Sie sich die vorstehenden Fragen aufrichtig und genau beantwortet haben, dann besitzen Sie ein sehr konkretes Profil, wo Ihr Unternehmen und speziell Ihr Verantwortungsbereich zum Thema Fehlerkultur steht.

Diese Frageliste kann zur Initiierung von Teamreflektionen zum Thema genutzt werden. Sie steht Ihnen als Begleitmaterial zum Buch zum kostenlosen Download zur Verfügung:

www.top-managementberatung.de/buch-erfolgreiche-mitarbeitergespraeche/ .

Betroffene zu Beteiligten machen

Wer an Entscheidungsprozessen beteiligt ist, hat weniger Ängste. Beteiligt sein beginnt für Ihre Mitarbeiter damit, vorab nach ihrer Meinung zu anstehenden Entscheidungen gefragt zu werden. Nicht jedem können Sie es recht machen und darum geht es auch nicht. Doch Ihre Mitarbeiter bekommen manches mit, was Ihnen leicht entgangen wäre und Klugheit gebietet, ihren Meinungen und Beobachtungen ein Ohr zu leihen. Wenn die Mitarbeiter umgekehrt Ihre Ziele kennen und Ihr Handeln zutreffend interpretieren können, ist ein weiterer Ansatzpunkt für beängstigende Gerüchte ausgeräumt. Wenn Sie die Neigungen und Talente Ihrer Mitarbeiter kennen und berücksichtigen, können Sie sie gezielter einsetzen. Es sprechen viele praktische Argumente für einen engen Austausch mit Ihren Mitarbeitern.

Akzeptanz von kritischen Wahrnehmungen und Meinungsäußerungen

Dürfen Ihre Mitarbeiter Ihnen widersprechen? Auch Sie machen Fehler, und wenn Ihre Mitarbeiter den Mut haben, Sie rechtzeitig darauf aufmerksam zu machen, dann können Sie sich gratulieren. Solche Mitarbeiter fallen nicht vom Himmel. Es liegt an Ihnen, zu qualifiziertem Widerspruch einzuladen und ihn mit Anerkennung zu belohnen. Der entscheidende Moment ist, wenn es passiert! Gelingt es Ihnen, den Einspruch sachlich anzunehmen, anzuhören und zu beantworten, obwohl Sie eigentlich glaubten, das Thema sei längst erledigt? Sind Sie in der Lage, Fehler zuzugeben? Ihre Mitarbeiter werden genau beobachten, wie Sie reagieren, und das wiegt 100mal mehr als schöne Worte.

Ich spreche mit Bedacht von »qualifiziertem Widerspruch«. Genauso wie es unsachliche Reaktionen auf sachdienlich gemeinte Hinweise gibt, kommt Widerspruch vor, der anderen Zielen dient: Wichtigtuerei, sich vor dem Chef in Szene setzen, oder den Kollegen mal demonstrieren, wie man dem Chef zeigt, dass er keine Ahnung hat. In solchen Fällen nageln Sie den Mitarbeiter auf die sachliche Substanz seines Einwands. Worum geht es wirklich?

Meinungsfreiheit hat im Betrieb Grenzen. Wenn eine Entscheidung erst einmal getroffen ist, bringt es nichts, darüber immer weiter zu diskutieren. Wenn ein Ingenieur die im Betrieb eingesetzten Produktionsverfahren für veraltet hält, dann ist das konstruktive Unzufriedenheit. Wenn er diese Meinung gegenüber Kunden zu erkennen gibt, verletzt er die Interessen des Arbeitgebers. Innerhalb solcher Grenzen ist es ein Vorteil, wenn nicht alle genauso denken wie der Chef. Denn die Leute, die anders denken als Sie, können Ihnen dort helfen, wo Sie aus Ihrer Optik heraus etwas übersehen haben. Und Meinungsfreiheit reduziert schädliche Ängste vor dem Chef.

Wohlwollendes Interesse an der Person des Mitarbeiters

Beim Führen geht es erst mal darum, dass »der Laden läuft«. Externe und interne Leistungsempfänger müssen zufrieden gestellt werden. Für Sie als Führungskraft, die daran gemessen wird, kommt es darauf an, dass die Mitarbeiter das Richtige tun und das Falsche lassen. In diesem Sinn ist Ihr Verhältnis zu Ihren Mitarbeitern in erster Instanz instrumentell: Sie setzen die Mitarbeiter ein, um Ihre bzw. die Ziele der Organisation zu erreichen. In zweiter Instanz brauchen Sie das Engagement und aktive Mitdenken Ihrer Mitarbeiter, um erfolgreich zu sein. Sie sind gut beraten, mit Ihren besten Leuten im Gespräch zu bleiben. Auch diese Ebene der Kooperation ist letztlich instrumentell, d.h. die Mitarbeiter sind für Sie Mittel zu einem Zweck. Daran ist nichts auszusetzen. Niemand benötigt Mitarbeiter, die zu nichts nutze sind.

Und dennoch sind die Mitarbeiter gleichzeitig viel mehr als Mittel zu Ihren Zwecken und denen Ihrer Organisation. Sie haben Familien oder nicht, haben eine soziale und regionale Herkunft, haben Ausbildungen genossen und eine hoffentlich stabile Gesundheit, interessieren sich noch für manches andere als den Job, sind Zeitgenossen und Staatsbürger und haben Stimmungen und Befindlichkeiten. Kurz und gut, sie sind menschliche Wesen, mit einem eigenen, individuellen Weg von der Wiege bis zur Bahre. Eine Zeit lang kreuzt sich ihr Weg mit dem Ihrigen, als Weggefährten in der gleichen Organisation und in einer hierarchischen Beziehung.

Eine vertrauensvolle Zusammenarbeit zwischen Menschen erfordert, die Person des anderen zu sehen und zu würdigen. Die Tatsache, dass Sie der Chef oder die Chefin sind und wenig Zeit haben, ändert daran nichts. Wenn Ihnen an einer guten Zusammenarbeit mit Ihren Mitarbeitern gelegen ist, dann müssen Sie sich auch für die Person interessieren, die mehr ist als das menschliche Instrument Ihrer Absichten. Was die erforderliche Zeit betrifft, machen Sie sich keine Gedanken. Die ist gut investiert. Wechselseitiges Vertrauen spart enorm viel Zeit.

Was wissen Sie über Ihre Mitarbeiter? Und an dieser Stelle meine ich ausnahmsweise nicht die für den Arbeitsprozess so wichtigen Faktoren wie Fähigkeiten, Kenntnisse, Erfahrung und Motivation. Mitarbeitergespräche verlaufen einfacher, wenn Sie und Ihre Mitarbeiter wechselseitig einiges wissen zu den persönlichen Umständen und Hintergründen des Gesprächspartners. Eine ausgezeichnete Gelegenheit dazu bietet das *Begrüßungsgespräch*. Wenn es dazu schon zu spät ist, können Sie die Begrüßungsphase von Besprechungen oder Unterbrechungsphasen in Meetings nutzen. Auch informelle Gespräche in der

Kaffeeküche oder beim Betriebsausflug bieten Gelegenheiten, persönliche Informationen mit Ihren Mitarbeitern auszutauschen. Selbst die schlichte Frage »Wie geht es Ihnen?« lädt Ihre Mitarbeiter ein, mit Ihnen als Person in Kontakt zu treten.

Reflektionsaufgabe: Bestandsaufnahme meines Wissens über meine Mitarbeiter

Die folgenden Fragen sind nicht als Checkliste zum Ausfragen Ihrer Mitarbeiter gemeint. Da ist zum Teil schon das Arbeitsrecht vor. Vielmehr werden Ihnen Ihre Mitarbeiter bei einer funktionierenden Führungsbeziehung von sich aus bzw. in zwanglosem Gespräch zu diesen Themen mehr oder weniger genaue Mitteilungen über sich machen. Wenn Sie für die meisten Ihrer Mitarbeiter die meisten dieser Fragen beantworten können, ist das schon ganz gut. Es wird Ihnen auffallen, von welchen Kollegen Sie nicht wirklich viel wissen. Was können Sie daran machen? Entscheidend für Sie als Führungskraft ist es, die letzte Frage beantworten zu können!

Gehen Sie für jeden Ihrer Mitarbeiter die folgenden Fragen durch und prüfen, ob Ihnen die Antwort bekannt ist:

- Ist der Mitarbeiter Single, verheiratet, geschieden, mit einem Lebensabschnittspartner liiert?
- Lebt und wohnt der Mitarbeiter mit jemandem ständig zusammen oder in einer Wochenendpartnerschaft oder alleine?
- Hat der Mitarbeiter Kinder oder schon Enkel und wie geht es denen?
- Lebt er mit den Kindern in einer Familie oder einer Patchwork-Familie oder leben die Kinder beim Ex-Partner?
- Hatte der Mitarbeiter in der Vergangenheit Schicksalsschläge zu verkraften?
- Gibt es aktuell starke Belastungsfaktoren im privaten Umfeld?
- In welcher Region ist der Mitarbeiter geboren und aufgewachsen?
- Welches ist ggf. seine Muttersprache?
- Ist er religiös?
- In welchem sozialen Milieu ist der Mitarbeiter aufgewachsen?
- Welche Hobbies, Interessen, Fähigkeiten und Beziehungen pflegt der Mitarbeiter in seiner Freizeit?
- Welche Besonderheiten prägen den bisherigen beruflichen Werdegang des Mitarbeiters?
- Verfügt er über irgendwelche eher ungewöhnliche Kenntnisse und Erfahrungen?

- Welche Bedeutung hat seine Arbeit im Leben Ihres Mitarbeiters? Was motiviert ihn, morgens aufzustehen und sich an den Arbeitsplatz zu begeben?

Auch diese Frageliste steht für Sie als Formular zum Download bereit:

www.top-managementberatung.de/buch-erfolgreiche-mitarbeitergespraeche/ .

Gesprächstechnische Grundlagen

Unter Gesprächstechnik verstehe ich die vielen kleinen Kniffe und Konzepte, durch deren Anwendung Sie den Verlauf eines Gesprächs bewusster wahrnehmen und gestalten können. Gesprächstechnik kann man lernen, verstehen und üben.

Kommunikation als Führungskraft

Kommunikation kann misslingen. Es gibt so viele Quellen von Störungen. Erfolgreiche Kommunikation setzt wechselseitige Aufmerksamkeit voraus. Trotzdem kann es zu Missverständnissen kommen. Dieselben Worte haben für verschiedene Menschen unterschiedliche Bedeutungen und lösen unterschiedliche Assoziationen aus. Zum Beispiel empfinden viele Menschen Perfektion als etwas Positives. Andererseits denken nicht wenige dabei sofort an als übertrieben empfundene Leistungsansprüche. Wenn Sie ein Problem schildern, entsteht bei dem einen Mitarbeiter spontan im Kopf bereits ein Aktionsplan. Bei dem anderen werden dagegen vertiefte Reflektionen und Fragestellungen ausgelöst. Die mit den Worten ausgedrückten Sachverhalte haben für verschiedene Menschen unterschiedliche Bedeutung. Ist das Glas halb voll oder halb leer? In jeder Organisation gibt es die Optimisten und die Pessimisten – sie selbst nennen sich lieber Realisten. Und das ist nur eines von vielen konträren Deutungsmustern derselben Realitäten. Oft prägen Gruppen bestimmte Ausdrücke, deren genaue Bedeutung Außenstehenden nicht bekannt ist. Viele Menschen haben ihre Lieblingsworte und -ausdrücke, um bestimmte Sachverhalte zu beschreiben. Ich kenne jemanden, der sagt oft: »Da hab ich noch kein Bild von«. Wer ihm helfen möchte, ist eingeladen eine visuelle Lösung anzubieten. Wenn man solche Lieblingsausdrücke kennt, kann man sie aktiv aufgreifen.

Wenn Ihre Mitarbeiter nicht immer gleich verstehen, was Sie meinen, kann es dafür also viele Gründe geben. Es muss keineswegs Unwille oder Dummheit im Spiel sein und es bedeutet nicht unbedingt, dass Sie etwas falsch gemacht haben. Umgekehrt heißt es nichts Negatives über den Mitarbeiter oder Sie, wenn Sie etwas nicht gleich verstehen, was der Mitarbeiter Ihnen mitteilen will. Der Mitarbeiter ist ja in professioneller Kommunikation weniger geschult und geübt als Sie. Wenn die Kommunikation nicht gleich gelingt, dann muss man eben noch mal neu aufsetzen, und sich bemühen, die Botschaft besser auf den Empfänger zuzuschneiden. Nicht mehr und nicht weniger.

Angesichts der Störanfälligkeit von Kommunikation ist es wichtig sich die folgende Erkenntnis der Kommunikationsforschung klar zu machen:

Für die korrekte Übermittlung einer Botschaft ist der Sender verantwortlich.

Dass es gar nicht anders sein kann, wird folgendermaßen klar: Der Empfänger einer Botschaft deutet die Botschaft so, wie er sie verstanden hat. Wenn er sicher sein möchte, dass er die vom Sender gemeinte Bedeutung richtig erfasst hat, bleibt ihm nichts anderes übrig, als die Botschaft in seinen Worten zu wiederholen, damit der Sender überprüfen kann, ob er sich richtig verstanden fühlt. Der Sender, und nur er, kann die Korrektheit bestätigen oder dementieren. Im letzteren Fall bleibt ihm nichts übrig, als die Botschaft erneut zu senden.

Offensichtlich hilft Ihnen in diesem Fall die hierarchische Weisungsbefugnis als Führungskraft nicht weiter: *Die letzte Verantwortung, dass Ihre Mitarbeiterinnen und Mitarbeiter verstehen, was Sie Ihnen mitteilen, liegt bei Ihnen.*

Was können Sie tun, um sicher zu stellen, dass Ihr Mitarbeiter Sie richtig verstanden hat? Bitten Sie ihn, wichtige Aspekte in seinen Worten zu wiederholen oder zusammen zu fassen! Die erste Herausforderung dabei ist für viele Führungskräfte, zu akzeptieren, dass eine effektive Kommunikation ausreichend Zeit braucht. Und das, wo Zeit so knapp ist! Es ist kein Fehler, wichtige Punkte zu wiederholen, wenn danach wirklich alle Missverständnisse ausgeschlossen sind. Wie viel Mühe und Stress dagegen entstehen, wenn man mitten in Aktion bemerkt, dass man aneinander vorbei geredet hatte? Wenn Sie wenig Zeit haben, dann ist es besser, Sie kommunizieren sorgfältig. Denn sonst haben Sie in Kürze noch weniger Zeit!

Aktives Zuhören

Man spricht vom »aktiven Zuhören«, wenn ein Gesprächspartner

- das Gehörte in seinen Worten zusammenfassend wiederholt,
- bei Bedarf gleich nachfragt, um das Verständnis sofort sicherzustellen,
- Verständnis für die mit der Nachricht verbundenen Gefühle des Gesprächspartners zeigt.

Aktives Zuhören ist eine sehr effektive Art, zu kommunizieren, und wird vom Gesprächspartner als aufmerksam und angenehm empfunden.

Das aktive Zuhören gibt dem Sprecher eine beständige Rückmeldung, was beim Zuhörer angekommen ist und ermöglicht ihm umgehende Nachbesserung bei Missverständnissen. Das Prinzip beschränkt sich nicht auf die Sachebene. Die mit den Informationen verbundenen Gefühle des Sprechers werden vom aktiven Zuhörer registriert und verständnisvoll zum Ausdruck gebracht. Das aktive Zuhören ermöglicht einen intensiven Informationsaustausch und vermittelt zugleich dem Sprecher ein Gefühl von Respekt und Wertschätzung durch den aktiven Zuhörer. Nach einem Gesprächsabschnitt, in dem Sie einem Mitarbeiter aktiv zugehört haben, ist die Situation besonders günstig für einen auf den besprochenen Informationen aufsetzenden Führungsimpuls Ihrerseits. Im frischen Gefühl der erfahrenen Wertschätzung wird der Mitarbeiter Ihnen auf dem Weg zu neuen Herausforderungen gerne Folge leisten.

Nutzen Sie gleich ihr nächstes Gespräch für eine Übung in aktivem Zuhören!

Nonverbale Kommunikation

Während wir unsere bewussten Ideen mit den Mitteln der Sprache ausdrücken, teilen wir zugleich durch unseren Tonfall, die Lautstärke, unsere Mimik und unseren sonstigen Körperausdruck eine Menge mehr über unsere Emotionen und Bewertungen des verbal Mitgeteilten mit. Die nonverbalen Signale helfen den Zuhörern, die verbale Botschaft zu deuten und zu verstehen. Die Befähigung zur nonverbalen Kommunikation ist ungleich verteilt. Sehr sachorientierte Menschen haben Mühe, ihre Emotionen in der Kommunikation zu erkennen zu geben. Andere überschwemmen den Gesprächspartner mit ihrem Temperament. Irritierend wirkt es, wenn die verbale Botschaft und die nonverbale Botschaft nicht zusammen passen. Der beobachtende Zuhörer hat dann den Eindruck, dass da etwas nicht stimmt. Für die Kommunikation als Führungskraft sind nonverbale Ausdrucksmittel, die im Einklang mit der verbalen Botschaft eingesetzt werden, unentbehrlich. Wenn Sie glauben, in dem Bereich Entwicklungsbedarf zu haben, besuchen Sie ein Training oder buchen Sie einen Coach.

Positive Handlungssprache[8]

Führungskräfte träumen davon, dass ihre Mitarbeiterinnen und Mitarbeiter genau das machen, was sie machen sollen und es so machen, wie sie es machen sollen. Gibt es dafür nicht eine Lösung? Eine, die zuverlässig und unter allen Umständen funktioniert? Nicht wirklich. Aber es gibt eine Empfehlung, die Sie in dieser Hinsicht weit nach vorne bringt: Die positive Handlungssprache.

Wenn Mitarbeiter nicht das machen, was sie sollen oder es nicht so gut machen, wie Sie es für erforderlich halten, dann kann das verschiedene Gründe haben:

- Es kann sein, dass der Mitarbeiter es nicht besser weiß, weil ihm Kenntnisse fehlen.
- Es kann sein, dass der Mitarbeiter es nicht besser kann, weil er diese spezielle Aufgabe noch nie gemacht hat.
- Es kann sein, dass der Mitarbeiter es nicht besser weiß, weil er Sie (oder jemanden anderen) falsch verstanden hat. Möglicherweise haben Sie sich missverständlich ausgedrückt.
- Es kann sein, dass der Mitarbeiter weiß, dass es besser geht, den Qualitätsunterschied aber nicht für wichtig erachtet.
- Es kann auch sein, dass der Mitarbeiter genau weiß, dass er das besser machen soll und auch weiß, wie es geht, aber die Mühe scheut.

Die positive Handlungssprache wirkt allen diesen Problemlagen gleichzeitig entgegen. Bevor wir das näher betrachten, möchte ich definieren, wodurch positive Handlungssprache gekennzeichnet ist:

---

[8] Den Begriff der „positiven Handlungssprache" fand ich in Marshall Rosenbergs Buch „Gewaltfreie Kommunikation". Rosenberg ist Experte für Konfliktmanagement. Er definiert die „positive Handlungssprache" als ein praktisches Verhalten, das man sich durch Übung aneignen kann. Nach meiner Ansicht ist das Konzept für Führungskräfte generell von Nutzen, nicht nur in der Konfliktbearbeitung.

- Beschreiben Sie in klaren, nüchternen Worten, welche konkreten Handlungen Sie von Ihrem Gesprächspartner erwarten. Verwenden Sie ausschließlich positive Aussagen. Das sind Aussagen, die ohne die Worte »nicht«, »kein« und »nie(mals)« auskommen.

  Beispiele für positive Aussagen:
  - o *»Sprechen Sie den Kunden XY bitte auf unser aktuelles Angebot an.«*
  - o *»Erstellen Sie immer zuerst die Dokumentation zu dem Programmmodul, bevor Sie es als <fertig zur Qualitätssicherung> melden.«*

- Weisen Sie ausdrücklich auf alle Handlungsschritte und erwarteten Resultate hin, sei es in qualitativer wie in quantitativer Hinsicht.
- Zeigen Sie bei Bedarf an einem leicht verständlichen *Beispiel* auf, wie genau Sie das meinen.
- Machen Sie deutlich, dass die von Ihnen aufgezeigte Vorgehensweise auf guten, nachvollziehbaren Gründen beruht und dass es Ihnen *wichtig* ist, dass der Mitarbeiter genauso vorgeht.
- Abschließend können Sie noch auf Gefahren oder spezielle Herausforderungen eingehen und wiederum in positiven Aussagen beschreiben, wie der Mitarbeiter ihnen erfolgreich begegnen wird.

Mit anderen Worten: Die positive Handlungssprache läuft darauf hinaus, dass Sie sich und dem Mitarbeiter dessen zukünftiges Verhalten präzise ausmalen, so wie Sie es sich wünschen. Auf diese Weise konzentrieren Sie Ihre und die Aufmerksamkeit Ihres Gesprächspartners genau auf die Vorgehensweisen und Resultate, die Sie gerne erleben möchten. Wie Sie leicht sehen, wirken Sie so allen oben aufgeführten Problemquellen gleichzeitig entgegen. Gibt es für dieses Vorgehen eine Erfolgsgarantie? Nein, die gibt es nicht. Aber es erhöht die Chance erheblich, dass Sie das erleben, was Sie erleben möchten.

Eine Versuchung, die Sie vom Pfad der positiven Handlungssprache abbringen kann, ist der spontane Reflex, sich darüber auszulassen, was Sie *nicht* erleben möchten. Warum ist dieser Reflex so mächtig? Die Aufmerksamkeit ist bei uns Menschen so strukturiert, dass wir als kritisch wahrgenommene Ereignisse sofort fokussieren. Die innere Bereitschaft zur schnellen Abwehr drohender Gefahren ist integrierter Bestandteil unseres psychischen Apparats.

Wieso macht es einen Unterschied, ob Sie sagen: »Lassen Sie das bitte sein!« oder »Machen Sie das bitte so!« ? Um sich das klar zu machen, bitte ich Sie, folgende Anweisung jetzt auszuführen:

Anweisung: Bitte denken Sie nicht an einen großen, roten Luftballon – jetzt!

Was hat die Anweisung in Ihrem Kopf ausgelöst? Genau – um *nicht* an einen großen roten Luftballon zu denken, mussten Sie sich zunächst den Luftballon vorstellen und damit genau das tun, was Sie eigentlich nicht tun sollten! Die Anweisung enthält eine versteckte Paradoxie: So wie das menschliche Gehirn funktioniert, kann man sie nur ausführen, indem man ihr zuwider handelt. Und das funktioniert nicht nur mit roten Luftballons. Die Anweisung, etwas nicht zu tun, bringt genau das Negierte ins Zentrum der Aufmerksamkeit. Dort kann es sich mit Anderem verbinden und vermischen. Die menschliche Psyche ist recht fließend in ihrer Funktionsweise und alles andere als nur logisch. Im besten Fall ist der resultierende Impuls weniger energisch und zielgerichtet, als er sein könnte.

Doch selbst wenn der negative Hinweis zu 100% funktioniert und der Mitarbeiter dieses Verhalten nie wieder an den Tag legen wird, dann haben Sie und der Mitarbeiter eine gute Portion Veränderungsenergie schon verbraucht und es ist noch nichts darüber gesagt, was er stattdessen machen wird.

Was also können Sie tun, wenn Sie entdecken, dass Ihre Aufmerksamkeit und mentale Energie sich unwillkürlich darauf richtet, was Sie *nicht* erleben möchten? Denken Sie unverzüglich an den großen, roten Luftballon. Er wird Sie daran erinnern, dass Sie gerade Ihre wertvolle Energie nutzlos abfackeln. Und dann wenden Sie sich der Frage zu, was genau Sie stattdessen gerne erleben möchten.

Als Führungskraft können Sie es nicht immer vermeiden, zu intervenieren und einen Mitarbeiter auf Abwegen »auszustoppen«. Einverstanden. Wenn es unvermeidlich ist, um Ungutes zu verhüten, dann tun Sie es und tun Sie es schnell! Es sollte Ihnen nur klar sein, dass Sie in dem Moment einfach nur Verirrungen stoppen und nicht etwa die Zukunft gestalten!

Merke: Positive Handlungssprache ist um ein Vielfaches mächtiger als Kritik.

Kommen wir zum Schluss noch auf einen weiteren Aspekt der positiven Handlungssprache zu sprechen. Dieser Ansatz beinhaltet, dass Sie sich zunächst selbst eine geistige Anstrengung abverlangen. Natürlich wissen Sie als Führungskraft stets genau, was Sie wollen, nicht wahr? Warum ist es oft so schwierig, das in positiver Handlungssprache auszudrücken? Wenn Sie ehrlich mit sich sind, werden Sie feststellen, dass Sie sich manches doch noch nicht *so konkret* überlegt hatten. Um es deutlich zu sagen:

Solange Sie Ihre Vorstellungen nicht in positiver Handlungssprache formulieren können, haben Sie selbst noch nicht genau verstanden, was Sie wollen. Es ist dann kein Wunder, wenn es die Mitarbeiter nicht genau verstehen.

Der Gebrauch der positiven Handlungssprache hat den erfreulichen Nebeneffekt, dass Sie in ihrem eigenen Kopf Klarheit schaffen, was Sie wollen.

Eine Aufgabe, um die positive Handlungssprache vor der Webcam zu üben, finden Sie unter *Training mit der Webcam*.

Feedback geben

Mitarbeiter sollen jederzeit wissen, ob sie sich im Bereich des von Ihnen bzw. dem Unternehmen Erwarteten bewegen oder etwa nicht. Entsprechende Hinweise zu geben, zählt zu ihren Aufgaben als Führungskraft. Rückmeldungen jeder Art werden heute gerne und unterschiedslos als »Feedback« bezeichnet.

Feedbackregeln unter Ranggleichen

Der Literatur zufolge sollen beim Feedback idealerweise die bekannten »Feedbackregeln« vom Feedbackgeber beachtet werden:

- Feedback soll vom Empfänger erwünscht sein.
- Das Feedback schildert Beobachtungen ohne Wertung.
- Das Feedback soll konkret sein und das eigene Erleben vermitteln (»Ich-Botschaft«).
- Das Feedback soll wohlwollend und hilfreich sein.
- Feedback soll zeitnah erfolgen.

Sollen Führungskräfte solcherart verstandenes Feedback geben? Viele werden diese Frage bejahen und oft wird es ausdrücklich verlangt. Mir scheint da ein Missverständnis vorzuliegen. Die »allgemeinen« Feedback-Regeln kommen aus der Arbeit in Gruppen mit gleichrangigen Teilnehmern. Dort und im Coaching und unter anderen vergleichbaren Bedingungen haben sie ihren Platz. Für die zielgerichtete Kommunikation mit Menschen in hierarchischer Beziehung dagegen sind Modifikationen erforderlich.

Feedback-Regeln für Führungskräfte

Feedback entgegennehmen heißt, anderen Prozessbeteiligten und ihrem subjektiven Erleben ein Ohr zu leihen, mit dem Ziel, die eigene Wirksamkeit zu verbessern. Die Feedbackregeln empfehlen »Ich-Botschaften« und fordern den Verzicht auf Wertungen. Die Führungskraft ist nicht irgendein Prozessbeteiligter. Sie repräsentiert gegenüber dem Mitarbeiter die Gesamtorganisation und verfügt über Weisungsbefugnisse. Führungskräfte geben auch Feedback, das nicht erbeten war – Regel 1 gilt also nicht.

Ich gehe einen Schritt weiter: Wenn Sie einen Mitarbeiter bei einem Arbeitsvorgang beobachten, dann geben Sie dem Mitarbeiter bitte ein Feedback. Sie sind nicht irgendjemand. Sie sind der Chef bzw. die Chefin und es ist nicht fair, den Mitarbeiter im Unklaren zu lassen, wie Sie Ihre Beobachtungen bewerten. Womit wir bei der nächsten Regel sind: Zu Ihren Aufgaben als Führungskraft gehört es, die Leistung des Mitarbeiters zu bewerten – Regel 2 gilt also auch nicht.

Und schließlich sollen Führungskräfte den Mitarbeiter auch nicht nur aus dem Blickwinkel eigenen subjektiven Erlebens beurteilen und darauf mit »Ich-Botschaften« reagieren, sondern die Bedürfnisse von Kunden, Patienten und anderen Kollegen in ihre Bewertung einbeziehen. Ein Chef darf sagen »Unseren Kunden ist es eine Hilfe, wenn Sie sich in solchen Fällen strikt an die vorgesehene Vorgehensweise halten. Ich möchte Sie bitten, das in Zukunft zu beachten.« Ich-Botschaften sind deshalb nicht verboten und es ist von Vorteil, wenn Sie auch Ihre persönlichen Wahrnehmungen nachvollziehbar und konkret ausdrücken. Damit gilt Regel 3 immerhin zur Hälfte.

Zeitnah, wohlwollend und hilfreich (Regel 4 und 5) ist auch bei Führungskräften ein guter Ansatz. Zusammengefasst ergeben sich die modifizierten *Feedback-Regeln für Führungskräfte*:

1. Geben Sie Feedback, wenn Sie den Mitarbeiter bei einem Arbeitsvorgang beobachtet haben, wenn Sie darum gebeten werden oder wenn Sie glauben, dass es sonst nützlich ist. Bezugspunkt sind immer Ihre konkreten Beobachtungen.

2. Anerkennen Sie die Anstrengung und Leistung und das vom Mitarbeiter konkret Erreichte und zeigen Sie bei Bedarf auf, an welchen Stellen Sie Verbesserungen für möglich oder für erforderlich halten. Geben Sie deutlich zu erkennen, ob Sie mit der beobachteten Leistung insgesamt zufrieden sind oder nicht.

3. Das Feedback soll konkret sein und die Feinheiten ansprechen, die in der Praxis den Unterschied ausmachen. Bringen Sie auch das eigene Erleben ins Spiel (»Ich-Botschaft«). Für Ihre Wertung sind die berechtigten Anforderungen von Kunden bzw. Patienten und anderen Stake Holdern (Kollegen, Dienstleister, Lieferanten usw.) sowie betriebswirtschaftliche Aspekte der entscheidende Maßstab.
4. Das Feedback soll wohlwollend und hilfreich sein.
5. Feedback soll zeitnah erfolgen.

»Kritik« bringt nichts

Einige Trainer und Personalentwickler verwenden den Ausdruck »Kritikgespräch«. Das scheint mir eine ungenaue Sprechweise. In der Politik entscheidet die Regierung und die Opposition kritisiert, denn mehr kann sie nicht ausrichten. Als Führungskraft sind Sie in Ihrem Verantwortungsbereich die »Regierung«. Ihre Aufgabe ist es, Entscheidungen zu treffen, zu handeln und gemeinsam mit Ihren Mitarbeitern Resultate zu erzielen. Kritisieren steht nicht auf der Liste. Wenn Sie in Ihrem Verantwortungsbereich Vorgänge beobachten, die Ihnen überhaupt nicht gefallen, dann ist es Ihre Aufgabe, eine Veränderung herbeizuführen. Wenn erforderlich, gerne schnell. Das erfordert *Intervention*, Entscheidung und manchmal schlichte *Anweisungen* und das alles hat mit Kritik nichts zu tun. Führen heißt, die Stärken und Talente der Mitarbeiter entwickeln und nutzen. Der Ausdruck »Kritikgespräch« lädt zu Führungsfehlern ein und deshalb verzichte ich auf ihn.

Mitarbeiter (und andere Menschen) überzeugen

»Gewinne die Besten, die Guten folgen nach!« Chinesisches Sprichwort

Häufig Stehen Sie vor der Aufgabe, Mitarbeiter für Ihre Ideen zu gewinnen. Vielleicht fragen Sie manchmal: Ist das wirklich nötig? Als Führungskraft haben Sie viele Ideen und erwarten, dass die Ihnen zugeordneten Mitarbeiter bereitstehen, Ihre Ideen bereitwillig umzusetzen. Dafür werden sie schließlich bezahlt, oder?

Wenn alles so einfach wäre! Sie können zwar erwarten, dass Ihre Mitarbeiter Ihre Anweisungen ausführen und Ihre Entscheidungen umsetzen. Innere Überzeugung, gar Begeisterung, können Sie nicht verordnen. Dafür müssen Sie die Mitarbeiter gewinnen, wie jeden anderen Mitspieler im Unternehmen oder im Markt, der nicht Ihren Weisungen unterliegt.

Was macht in Ihrer Praxis den Unterschied aus, ob Ihre Mitarbeiter von Ihren Ideen überzeugt sind oder nicht? Der Unterschied ist: Wenn Ihre Mitarbeiter verstehen was sie tun und von dem gewählten Vorgehen überzeugt sind, können sie alles geben. Ist das nicht der Fall, können Sie nicht mehr als die ehrlich bemühte, aber wenig inspirierte Umsetzung Ihrer Anweisungen erwarten. Bei qualifizierten Aufgaben und Mitarbeitern bedeutet das in der Praxis einen Qualitätsverlust, mit dem sich anspruchsvolle Führungskräfte niemals abfinden werden.

Oft kann man die Ansicht hören, dass bei zumindest bei gering qualifizierten Mitarbeitern ein Überblickswissen und positives Mitdenken am Arbeitsplatz verzichtbar seien. Das mag so funktionieren. Ein Verlust bleibt es. Ein Beispiel:

Das Restaurant »Brauhaus« in Frechen-Königsdorf arbeitet überwiegend mit angelernten Kräften. Der Chef macht nicht zu viele Worte, fasst mit an und behält den Überblick. Er legt Wert auf eine aktive Einbindung der Mitarbeiter und ein freundliches, persönliches Verhältnis zwischen Mitarbeitern und Gästen. Regelmäßig werden Teambesprechungen abgehalten, bei denen die Mitarbeiter über Pläne informiert und offene Themen geklärt werden. Bei den jahreszeitlich wechselnden Speiseangeboten werden die Mitarbeiter angehalten, durch »Probeessen« sich einen Eindruck von den Speisen zu machen, die sie den Gästen empfehlen. Die Mitarbeiter arbeiten gerne dort, Fluktuation gibt es wenig. Wie wollen Sie das nennen? Mitarbeiterorientierung? Kundenorientierung? Stake Holder Value? Es ist von all dem ein bisschen, ganz unakademisch und vor allem ist der Ansatz sehr, sehr erfolgreich. Die Speisen sind schmackhaft, das Bier süffig, das Personal ist gut gelaunt, bedient freundlich und zügig. Wenn Sie sich selber mal einen Eindruck verschaffen wollen, vergessen Sie nicht einen Tisch zu reservieren – der Laden ist rappelvoll!

Wenn es um den erfolgreichen Umgang mit Menschen geht, mit Situationen, die nicht vorhersehbar sind, oder um Veränderungen, dann macht es selbst bei gering qualifizierten Tätigkeiten immer einen unübersehbaren Qualitätsunterschied, ob die Mitarbeiter mit ganzem Herzen dabei sind. Wie man es also dreht und wendet: Es ist die Mühe wert, um die Überzeugungen von Mitarbeitern zu ringen.

Besonders wichtig ist es bei Veränderungen, dass Ihre fähigsten und motiviertesten Mitarbeiter die Veränderung aktiv und überzeugt mittragen. Sie werden Ihnen dann helfen, den Rest der Truppe durch den Prozess zu führen. Gehen Sie größere Vorhaben erst an, wenn Sie Ihre besten Leute hinter sich haben! Jede Mühe, die Sie sich machen, um sie von Ihren Plänen zu überzeugen, ist gut investiert.

Nachdem nun die Notwendigkeit geklärt ist, Mitarbeiter zu überzeugen, finden sich in den folgenden Abschnitten einige bewährte Überzeugungstechniken, die ich Ihnen empfehlen kann.

Am besten üben Sie die einzelnen Techniken sofort anhand eines fiktiven, *praxisnahen Beispiels*: Falls Sie aktuell in Ihrer Führungsarbeit eine Überzeugungsaufgabe vor sich haben, dann wenden Sie die Übungen auf den folgenden Seiten auf diese Aufgabe an. Andernfalls widmen Sie sich bitte einem fiktiven Übungsbeispiel: Sie wollen Ihre Mitarbeiterin Frau Meyer gewinnen, eine herausfordernde und anspruchsvolle Aufgabe zu übernehmen. Sie glauben, dass Frau Meyer mit angemessenen Anstrengungen diese Aufgabe gut bewältigen wird. Sie wissen, dass die Kollegin selbstkritisch eingestellt ist und auf keinen Fall einen Misserfolg riskieren möchte. Ihre Aufgabe als Führungskraft ist es, Frau Meyer davon zu überzeugen, dass Sie über die erforderlichen Fähigkeiten für die Aufgabe verfügt. (Ob Sie die Aufgabe und die damit verbundenen Anstrengungen letzten Endes auf sich nimmt, muss sie selber entscheiden.) Kennen Sie solche Mitarbeiter? Wenn nicht, dann werden sie Ihnen vermutlich im Laufe Ihrer Karriere noch begegnen. Auf diese Überzeugungsaufgabe wird wir auf den folgenden Seiten Bezug genommen.

Respekt

Wenn Sie den Menschen, den Sie überzeugen wollen, respektieren und das authentisch zum Ausdruck bringen, wird eine anspruchsvolle und fordernde Kommunikation mit dieser Person einfacher.

Aufgabe: Bitte übertragen Sie das auf Ihre praktische bzw. fiktive Überzeugungsaufgabe. Falls Sie keine Mitarbeiter kennen, die Frau Meyer ähneln, dann nutzen Sie bitte Ihre Fantasie und Lebenserfahrung, um Ihr Bild von Frau Meyer zu ergänzen: Was an Frau Meyer, an ihrer Person, ihrem Verhalten und ihrer Arbeit verdient Ihren Respekt? In welchen Worten können Sie das passend ausdrücken?

Hinweise zur Lösung: Besondere Fähigkeiten, besondere Anstrengungen, persönliche Entwicklung, persönliche Integrität - all das sind Anknüpfungspunkte für Ihren Respekt. Ihre Maßstäbe für das »Besondere« brauchen dabei nicht zu streng sein. Fast alle Mitarbeiter im Unternehmen sind bestrebt, etwas Gutes beizutragen, und wenn Sie zeigen, dass Sie dieses Gute erkennen und als wertvoll würdigen, dann zeigen Sie Respekt. Solange Sie dabei ehrlich bleiben, dürfen Sie großzügig damit umgehen. Wichtig ist, dass Sie spezifisch sind: Was genau am Verhalten Ihres Gesprächspartners ist es, was Ihren Respekt verdient? Bitte notieren Sie jetzt, was an Ihrem Gesprächspartner Sie respektieren! Es wird Sie überzeugender machen!

Lassen Sie die Leute Recht haben!

Alle Menschen haben ihre Vorstellungen von der Welt und glauben, dass die korrekt sind. Es bleibt uns nichts anderes übrig, sonst würden wir ja den Verstand verlieren. Irrtümer zu erkennen, ist uns Menschen unangenehm. Man könnte als Dummkopf dastehen. Und es gibt den beunruhigenden Gedanken: War das mein einziger Irrtum, oder liege ich bei noch mehr Dingen daneben? Solche Zweifel tragen nicht zur Handlungsfähigkeit bei und niemand mag sich dem gerne aussetzen. Deshalb haben die meisten Menschen lieber Recht und gehen in Abwehrstellung, wenn man ihnen das Gegenteil beweisen möchte!

Weil die Menschen so sehr daran hängen, Recht zu haben, kostet es viel Kraft, ihnen nachzuweisen, dass sie sich irren. Und der Erfolg ist ungewiss. Häufig beißen sich Menschen in irrigen Ansichten erst richtig fest, wenn man ihnen das Gegenteil beweisen möchte. Geschickter, kräfteschonender und erfolgversprechender ist es oft, diesen Widerstand zu umgehen. Lassen Sie die Leute Recht haben!

Wie können Sie die Leute Recht haben lassen *und* zugleich Ihre Idee erfolgreich vermitteln?

1. *Möglichkeit:* Verknüpfen Sie beides! »Genau Herr Kollege, Sie haben absolut Recht und ... (hier fügen Sie ihre Idee ein).« So umgehen Sie den Widerstand des Recht-haben-wollens mit der Macht des Wörtchens »und«!

2. *Möglichkeit:* Noch überzeugender wird es, wenn Sie behaupten »Genau, Herr Kollege, da haben Sie völlig Recht und gerade deshalb ... (hier fügen Sie ihre Idee ein)«.

Aufgabe: Welchen Einwand können Sie von Frau Meyer erwarten? Wir wäre es mit: »Für diese Aufgabe fehlen mir wichtige Fachkenntnisse«? Überlegen Sie sich, mit welchen Worten Sie den Einwand mit einem »und« mit Ihrer Idee verknüpfen können. Sprechen Sie den Satz laut aus und probieren Sie verschiedene Formulierungen, bis Sie eine gefunden haben, die Sie selber eingängig finden. Anschließend machen Sie bitte die gleiche Übung, in dem Sie den Einwand akzeptieren und mit einem »genau deshalb« mit Ihrer Idee verknüpfen.

Verblüffe sie!

Wenn Sie Ihrem Gesprächspartner Informationen geben, die für ihn neu sind, laden Sie ihn ein, seine Sicht der Dinge zu erweitern. So können sich die neuen Informationen in sein Gesamtbild einfügen. Das kann zu Korrekturen der bisherigen Eindrücke und Wertungen führen. Im Allgemeinen haben Menschen kein Problem damit, widersprüchliche Bewusstseinsinhalte in ihrem Kopf zu vereinen. Es erfordert eine aktive Auseinandersetzung Ihres Gesprächspartners mit den Neuigkeiten, um ein Umdenken einzuleiten. Durch Fragen können Sie die Aufmerksamkeit Ihres Gesprächspartners lenken und den nötigen Nachdruck erzeugen, um den Moment der Verblüffung zum Umdenken zu nutzen. »Herr Kollege, in dieser neuen Situation stellt sich jetzt die Frage, was das für unser Geschäft bedeutet und welche Konsequenzen wir daraus ziehen sollten. Was ist Ihre Meinung?« Das Umdenken kann nur als autonomer Prozess vollzogen werden. Es ist die einzige Art, wie Menschen umdenken können. Wer anderen die Deutung ihrer Wahrnehmungen vorgeben möchte, mag Gehorsam und Unterordnung erzielen, aber nicht Überzeugung.

Aufgabe: Bitte übertragen Sie das auf Ihre Überzeugungsaufgabe. Womit können Sie Frau Meyer verblüffen?

Hinweis zur Lösung: Verblüffend ist alles, was der konventionellen Sicht der Dinge scheinbar deutlich widerspricht. Das können Ihrem Gesprächspartner bisher unbekannte Fakten sein. Manchmal tut es eine ungewohnte Sicht auf die Dinge, die die Probleme, die Ihre Idee löst, oder die Chancen, die sie nutzt, deutlich hervortreten lässt. Eine Visualisierung kann den Moment der Verblüffung verstärken und nachhaltig im Kopf Ihres Gesprächspartners verankern. Bitte notieren Sie seine Lösung!

Durch Fragen Denkprozesse anstoßen

Durch Fragen, die Ihren Gesprächspartner gedanklich in die Zukunft schicken, lösen Sie aktive Denkprozesse aus. »Wenn man das betrachtet, worauf mag das in den nächsten Jahren hinauslaufen?« Wenn Sie Ihren Gesprächspartner erfolgreich verblüffen konnten und durch zukunftsorientierte Fragen nachdenklich gemacht haben, können Sie mit aktionsorientierten Fragen nochmals zuspitzen. »Wie lange werden wir dieser Entwicklung noch tatenlos zuschauen?« »Was schlagen Sie vor, wie wir diese einmalige Chance nutzen können?« »Wann werden Sie konkrete Maßnahmen ergreifen?« Wenn Sie gute Vorarbeit geleistet haben, wird Ihr Gesprächspartner die Frage als berechtigt empfinden. Wenn er nicht gleich eine gute Antwort hat, arbeitet die Frage in seinem Kopf weiter. Geben Sie ihm die nötige Zeit zum Umdenken.

Aufgabe: Durch welche Fragen können Sie den Verblüffungseffekt bei Frau Meyer vertiefen, um sie zum Umdenken zu veranlassen? Bitte notieren Sie sich zwei bis drei »Vertiefungsfragen«, um Ihren Verblüffungseffekt konsequent zu nutzen.

Erwähnen Sie Schwachpunkte Ihrer Argumentation

Auch die beste Idee hat irgendwelche Nachteile. Es gibt nichts umsonst im Leben. Niemand wird Ihnen glauben, dass Ihre Idee keine Nachteile hätte oder nichts kosten würde. Im Gegenteil, man wird danach suchen, um zu einem objektiven Urteil zu kommen. Machen Sie es Ihrem Gesprächspartner leicht, in dem Sie selber Nachteile Ihrer Idee ansprechen. Wenn Ihre Idee wirklich gut ist, dann wird der Nachteil leicht zu verschmerzen sein. Ihr entspannter Umgang mit Nachteilen signalisiert, dass Sie sich das gut überlegt haben und zu einem abgewogenen Urteil gekommen sind.

Aufgabe: Welche Nachteile können Sie bei Ihrer gewählten Überzeugungsaufgabe erwähnen?

Hinweise zur Lösung:

- *Viele gute Ideen sind zunächst mit zusätzlichen Kosten verbunden.*
- *Wer etwas Neues macht, muss etwas anderes, weniger Erfolgversprechendes lassen. Die Entscheidung kann schwer fallen und ein geordnetes Loslassen kann mit Aufwand verbunden sein.*
- *Eine gute Idee kann mit erheblichen Risiken verbunden sein.*
- *Die Umsetzung einer wichtigen, guten Idee ist fast immer mit Konflikten verbunden.*

Bitte notieren Sie sich 2-3 Nachteile Ihrer Idee für das Gespräch mit Frau Meyer!

Imaginieren Sie die Zukunft!

Ihre Idee wird Ihren Gesprächspartner überzeugen, wenn sie als »realistisch« und vorteilhaft erscheint. Beides macht Ihr Gesprächspartner sich klar, wenn er sich einen positiven Zukunftszustand vorstellt, in dem Ihre Idee realisiert ist.

Martin Luther King jr. nutzte diese Technik in seiner berühmten »I have a dream«-Rede am 28.8.1963. Er schilderte den 250.000 Kundgebungsteilnehmern seine Vision einer Gesellschaft ohne Rassismus. Was machten die Zuhörer während der

Rede? Sie folgten ihm in Gedanken in eine imaginierte Zukunft ohne die damals in den USA noch ganz offen praktizierte Rassenunterdrückung. Das war eine bewegende Erfahrung, die selbst spätere Leser der Rede in abgeschwächter Form noch erlebten. Die Rede gilt zu Recht als ein Schulbeispiel »großer« politischer Rhetorik. Vermutlich hätte es einen Präsidenten Barack Obama ohne Martin Luther Kings »Traum« noch nicht gegeben.

Sie müssen nicht Bürgerrechtler oder Politikerin werden, um diese Technik zu nutzen. Sie funktioniert auch bei alltäglichen Themen. Laden Sie ihre Gesprächspartner ein, sich vorzustellen, wie die Zukunft sein wird, wenn Ihre Idee verwirklicht ist. »Stellen Sie sich vor wie es wäre, …«. Und dann folgt eine lebendige Beschreibung der Zukunft , wenn Ihre Organisation Hindernisse über-wunden und manche heutigen Schwierigkeiten nicht mehr haben wird.

Die Schilderung muss anschaulich am Erleben der Zuhörer anknüpfen. Das ist nicht der Moment für Theorien oder strategische Analysen. In diesem Moment wollen Sie das Vorstellungsvermögen Ihres Gesprächspartners erreichen und das ist in der praktischen Lebenswelt zuhause.

Mit der Kraft der Imagination können Sie manchem Gesprächspartner aus der »Realitätsfalle« helfen. »Herr Gesprächspartner, ich weiß, Sie haben Recht. Wahrscheinlich ist es unmöglich, oder zumindest sehr schwierig, diese Idee zu verwirklich *(Lass sie Recht haben!)*. Und deshalb ist es auch nur ein Gedankenexperiment, um das ich Sie bitte: Welche Möglichkeiten würden sich durch eine Lösung dieses Problems eröffnen? Ist das nicht ein faszinierender Gedanke?«. Beginnen Sie, mit ihm gemeinsam sich die Details genau auszumalen. Wenn es Ihnen gelingt, die Vorstellungskraft Ihres Gesprächspartners zu aktivieren, kommen seine Gedanken in Bewegung!

Übungsaufgabe: Was wird sich zum Guten ändern im Erleben von Frau Meyer, wenn Ihre Idee realisiert wird? Wenn Sie nicht genug Informationen zur Person von Frau Meyer haben, nehmen Sie Ihre Fantasie zur Hilfe! Finden Sie Worte, die das anschaulich und praktisch beschreiben!

Zeigen Sie die Gefahren bei anderem Vorgehen auf!

Meistens gibt es nicht nur gute Gründe das Richtige zu tun. Es gibt auch Gründe zur Besorgnis, wenn man es unterlässt. Die Angst vor nicht rückholbaren negativen Ereignissen ist oft Auslöser von Handlungsimpulsen. Verkäufer nutzen diesen Effekt in manipulativer Absicht, wenn sie befristete »einmalige« Angebote anpreisen. »Nächste Woche gibt es das nicht mehr, also jetzt zugreifen, Herrschaften!« - das ist die Botschaft.

Manipulation ist nicht unser Geschäft - es geht darum, Überzeugungen zu vermitteln. Häufig ist die Realität bedrohlich genug, um bei Ihrem Gesprächspartner ein Umdenken auszulösen. Man muss es sich nur einmal richtig klarmachen. Durch gezielte Fragen lenken Sie die Aufmerksamkeit Ihres Gesprächspartners auf die bei ungeeignetem Vorgehen drohenden Nachteile.

Manchmal ist es ausreichend, die *Kosten* konkret klar zu machen: »Wie viel kostet uns dieser Zustand eigentlich jeden Monat«? *Risiken* können sehr erschreckend sein. »Was könnte passieren, wenn wir diese ungenaue Qualität ausliefern? Was würden wir machen, wenn der Fall eintritt?« Die negative Imagination eines sehr unangenehmen Ereignisses wirkt oft Überzeugungswunder! Sehr wirksam ist es, ein *sich schließendes Zeitfenster* anzusprechen. »Wie lange werden sich unsere Kunden damit noch zufrieden geben?« »Wie lange wird es dauern, bis einer unserer Wettbewerber diese Produktidee auf den Markt bringt?«

Der Hinweis auf drohende Gefahren und Risiken hilft Ihnen bei bereits einsetzendem, vorsichtigem Umdenken ihres Gesprächspartners, mehr Nachdruck und Entschlossenheit zu erzeugen.

Übungsaufgabe: Mit welchen Fragen lenken Sie Frau Meyers Aufmerksamkeit auf die Gefahren bei einem anderen als dem von Ihnen angestrebten Vorgehen? Mit dieser letzten Übung endet das fiktive Rollenspiel mit Frau Meyer.

Lassen Sie die Leute ihre Erkenntnisse aufschreiben!

Wenn Sie mit Ihrer Überzeugungsarbeit erste Ergebnisse erzielt haben, bleibt die Gefahr, dass Ihr Gesprächspartner morgen schon in erneut zu zweifeln beginnt. Sie wollen verlässliche Mitspieler gewinnen und nachhaltige Überzeugungen vermitteln. Wissenschaftliche Forschungen zeigen, dass Menschen von den Ergebnissen Ihrer eigenen Überlegungen überzeugter sind, wenn sie diese aufgeschrieben haben. Daraus leitet sich dieser Tipp ab: Finden Sie einen Weg und eine akzeptable Begründung, wie Sie Ihren Gesprächspartner veranlassen, die neu gewonnene Überzeugung schriftlich zu notieren. Noch weiter festigen sich Überzeugungen, wenn der Überzeugte daraus Handlungen ableitet und umsetzt. Die wohl stärkste Bindewirkung haben gegenüber einer großen Zahl anderer Personen abgegebene Handlungsankündigungen. Niemand möchte gerne dastehen, als jemand auf dessen Wort kein Verlass ist.

Wie können Sie Ihre Gesprächspartner dazu bewegen, ihre Erkenntnisse aufzuschreiben? Setzen Sie im Gespräch ein Flip-Chart oder White-Board ein. Achten Sie darauf, dass Ihr Gesprächspartner wichtige Aussagen ausdrücklich und genau in seinen Worten notiert. Notieren Sie auch die Fragen, mit denen Sie ihren Gesprächspartner zum Umdenken veranlassen konnten. Lassen Sie den Mitarbeiter die Gesprächsergebnisse zusammenfassen.

Eine andere Methode ist es, wenn Sie sich mit Ihrem Gesprächspartner zunächst auf die entscheidenden Fragen verständigen. Erfahrungsgemäß ist das viel einfacher, wenn die Antworten zunächst offen bleiben. Dann vereinbaren Sie mit Ihrem Gesprächspartner das weitere Vorgehen. Sie können den Mitarbeiter seine Antworten entwickeln lassen und ihn aktiv zuhörend begleiten. Wenn Sie die richtigen Fragen aufgeworfen hatten, werden die Antworten mit der von Ihnen angestrebten Lösung zu tun haben. Alternativ können Sie auch vereinbaren, dass jeder von Ihnen zunächst unabhängig voneinander die Antworten aufschreibt und Sie dann Ihre Antworten eine nach der anderen abgleichen. Bei dem Abgleich brauchen Sie nicht rechthaberisch sein - siehe oben unter »Lass sie Recht haben«. Auch hier gilt: Die richtigen Fragen weisen den Weg zu den richtigen Antworten.

Vermeiden Sie es, Ihren Gesprächspartner zu fragen, warum er anderer Ansicht ist!

Was bewirken Sie, wenn Sie Ihren Gesprächspartner, einladen, Ihnen zu sagen, *warum* er Ihrer Idee nicht zustimmt? Ihr Gesprächspartner wird nicht nur Ihnen, sondern auch sich selbst noch einmal verdeutlichen, warum er Ihnen nicht zustimmen kann. »Warum« fordert auf, einen kausalen Zusammenhang zu konstruieren. Vermeintliche kausale Zusammenhänge werden im Gehirn dauerhaft gespeichert. Unabhängig von den objektiven Fakten wird es schwer, diese Logik in der Wahrnehmung Ihres Gesprächspartners später zu überwinden. Mit der Frage »Warum« bewirken Sie das Gegenteil von dem, was Sie erreichen wollen!

Zu erkunden, was einen Mitarbeiter umtreibt, der Ihre Idee nicht teilen möchte, ist durchaus sinnvoll. Mit Fragen wie: »Was befürchten Sie?« oder »Hätte das für Sie persönlich einen Nachteil?« laden sie zur Artikulation von Einwänden ein. Mehr dazu im Abschnitt »Einwandbehandlung«.

Die in diesem Abschnitt dargestellten Überzeugungstechniken werden Ihnen im Gespräch mit Mitarbeitern, Kunden, Chefs und Kollegen bei Überzeugungs- aufgaben nützlich sein. Probieren Sie es bald einmal aus!

Umgehen mit Einwänden

Wenn Sie Ihre Ziele und Vorstellungen in positiver Handlungssprache aufzeigen und überzeugend begründen, werden Sie dennoch und unvermeidlich auf Einwände Ihrer Mitarbeiter stoßen. Ein Einwand ist ein begründetes, ernsthaftes Bedenken. Der Mitarbeiter, der einen Einwand macht, teilt Ihr Bestreben nach einer im Interesse Ihrer Organisation guten Lösung. Anders verhält es sich bei Vorwänden und Ausreden. Damit werden wir uns weiter unten befassen.

Ein Einwand kann folgende Hintergründe haben:

- Der Mitarbeiter verfolgt ein anderes Ziel als Sie oder er hat das Ziel falsch verstanden. Dann wird es Zeit darüber zu sprechen.
- Der Mitarbeiter weiß Wichtiges, das Sie nicht wissen. Es kann es sein, dass Sie Ihr Urteil überprüfen müssen.
- Der Mitarbeiter glaubt irriger Weise etwas Wichtiges zu wissen, was nach seiner Ansicht die Sache in ein anderes Licht rückt. Möglicherweise bezieht er sich auf Gerüchte. Diese Art von Einwänden ist häufig nicht leicht zu bearbeiten. Neben nachvollziehbaren Sachargumenten ist Vertrauen die entscheidende Währung.
- Manche Mitarbeiter schauen nur auf den nächsten Schritt. Dem Umfeld und der weiteren Entwicklung widmen sie wenig Aufmerksamkeit. Umgekehrt sehen manche nur das große Ganze und beachten nicht die Details. Geben Sie die erforderlichen Informationen und stellen Sie die passenden Fragen (»Einzoomen«, »Auszoomen>).
- Der Mitarbeiter und Sie stimmen in der Wahrnehmung der Tatsachen überein und interpretieren die Situation unterschiedlich. Wer ist für was verantwortlich? Wer sollte jetzt was tun? Wie sind die Risiken zu bewerten? In wieweit ist auf Ihre Mitspieler Verlass? Angesichts solcher Fragen stützen wir uns nicht nur auf die Tatsachen. Unsere Erfahrungen und unsere allgemeinen Überzeugungen über unseren Beruf, die Arbeit, die Menschen und die Welt beeinflussen unser Urteil maßgeblich. Es ist nicht überraschend, dass es zu unterschiedlichen Interpretationen kommt. Manchmal werden erfahrene Mitarbeiter Sie auf Aspekte aufmerksam machen, die Sie selber unzureichend berücksichtigt hatten.

Wie Sie gesehen haben, steckt hinter jedem Einwand ein guter Grund, miteinander zu sprechen. Wenn der Mitarbeiter den Einwand ausspricht, gibt er Ihnen die Chance, es zu tun.

Stattdessen reagieren viele Chefs genervt auf Einwände. Angesichts des Drucks, unter dem viele Führungskräfte heute stehen, ist das menschlich verständlich. Doch was denkt sich der Mitarbeiter in dieser Situation? »Der Chef ist im Stress. Ich lass ihn besser in Ruhe.« Wenn das wiederholt passiert, sagt er sich: »Der Chef ist überfordert. Meine Hinweise interessieren ihn nicht. Es bringt nichts, wenn ich mich darüber aufrege. Ich sollte den Job einfach weniger ernst nehmen.« Und von da an wird der Chef nicht mehr die Chance haben, die Einwände dieses Mitarbeiters zu bearbeiten.

Die Diskussion eines Einwands ist eine Methode, gemeinsam mit dem Mitarbeiter zu denken. Führungskräfte erleben das oft als Herausforderung. Die Fähigkeit der Mitarbeiter, unvermutete Einwände zu produzieren, ist unerschöpflich. Und die Zeit dafür hatten Sie garantiert nicht eingeplant. Wenn es aber gelingt, einen Einwand in sachlicher und respektvoller Weise zu bearbeiten, hilft das nicht nur für die aktuell anstehende Aufgabe. Es mehrt das Vertrauenskapital zwischen Führungskraft und Mitarbeiter. Der Mitarbeiter macht die Erfahrung, dass er für Ihre Planungen ein ernst genommener Gesprächspartner ist. Wenn Sie engagierte Mitarbeiter erleben wollen, die mit dem Herzen bei der Sache sind, dann haben Sie keine Wahl. Den Einwänden Ihren Mitarbeiter müssen Sie sich stellen!

Die eigentliche Einwandbehandlung erfolgt in drei Schritten:

Einwandbehandlung Schritt1: Wahrnehmung und Würdigung

Wenn Sie bemerken, dass der Mitarbeiter einen Einwand hat, dann ist es Ihre erste Aufgabe, den Einwand zu verstehen und zu würdigen. Es reicht nicht, dass Sie den sachlichen Inhalt des Einwands verstanden haben. Der Mitarbeiter muss das bemerken, und feststellen können, dass Sie dem Einwand Bedeutung zumessen. »Frau Meier, das ist ein wichtiger Punkt, den Sie da ansprechen. Wenn Sie da Zweifel haben, dann lassen Sie uns bitte darüber sprechen.« Wie würden Sie das in Ihren Worten sagen?

Übung: Erinnern Sie sich an einen Einwand, den Sie in letzter Zeit zu hören bekamen. Finden Sie Worte, mit denen Sie einer solchen Situation Ihr Verständnis des Einwands zeigen und seine Bedeutung würdigen können.

Einwandbehandlung Schritt2: Diskussion

Wenn Sie sicher sind, den Einwand erkannt und gewürdigt zu haben, können Sie zur Diskussion übergehen. Hier geht es um Informationen (Tatsachen), Argumente und Interpretationen. Ein Argument ist eine Behauptung, die mit einem Beweis unterlegt wird. Tragen Sie einige Ihrer besten Argumente vor, aber nie mehr als drei in einer Diskussion. Oder Sie können sich die Argumente des Mitarbeiters anhören, um sich damit anschließend auseinanderzusetzen. Was als Beweis akzeptiert wird und was fortan als gemeinsame Gewissheit gelten soll, entscheidet der gesunde Menschenverstand, und zwar der des jeweils anderen Gesprächspartners. Das bedeutet auch, dass Sie als Chef sich nicht wehrlos jeden inkompetenten Blödsinn anhören. Stellen Sie Ansprüche an die Qualität der Argumente! Wer denen nicht entspricht, der wird bei Ihnen nichts erreichen!

Einwandbehandlung Schritt3: Abschluss

Meistens werden Sie als Führungskraft sich in der Diskussion dank besserer Kenntnisse und weiteren Blickfeldes durchsetzen. In anderen Fällen werden Sie nützliche Hinweise für ein verbessertes Vorgehen aufnehmen. In beiden Fällen ist der Abschluss einfach. Sie oder der Mitarbeiter fasst das Ergebnis zusammen und Sie betonen nochmals, wie wichtig es war, miteinander gesprochen zu haben.

Manchmal stoßen Sie auf persönlichen Überzeugungen, Erfahrungen, (Vor-)Urteile und andere Glaubenssätze, die im Kopf des Mitarbeiters stärker sind als alle rationalen Argumente. Solche persönlichen Eigenheiten zu verändern ist nicht Ihr Auftrag. Sie haben in diesem Fall keine andere Wahl, als die unterschiedlichen Sichten festzustellen. Unter Verweis auf Ihre Führungsverantwortung verdeutlichen Sie dem Kollegen (in positiver Handlungssprache), welches Verhalten Sie am Arbeitsplatz erwarten. Mitarbeiter mit einschränkenden Überzeugungen haben selten ein Problem, davon abweichend zu handeln, wenn jemand anderes, - sprich: der Chef - die Verantwortung übernimmt. Wenn Sie mit den einschränkenden Überzeugungen höflich und respektvoll umgehen, nimmt die Führungsbeziehung keinen Schaden. In einer vermeintlich »nur verhaltenstechnisch« veränderten Praxis hat der Mitarbeiter dann die Möglichkeit, neue Erfahrungen zu sammeln, die seine Ansichten zunehmend beeinflussen werden.

Wie viel Zeit darf eine Einwandbehandlung erfordern? Gerne darf es schnell gehen! In einfachen Fällen kann der Dreischritt »Wahrnehmung und Würdigung – Diskussion – Abschluss« in wenigen Sätzen durchlaufen werden. Die Kunst liegt darin, bei aller Kürze diese mentale Schrittfolge mit dem Mitarbeiter gemeinsam zu gehen. In vielen Fällen werden Sie aber eine angemessene Portion Zeit investieren müssen.

Die meisten Einwände tauschen im Gesprächsverlauf auf und werden dann behandelt. Ein bekannter Kunstgriff ist die vorweggenommene Einwandbehandlung. Wenn Sie einen bestimmten Einwand schon vorher erwarten, können Sie ihn gleich vorweg angehen, z.B. im Rahmen Ihrer Gesprächseröffnung. Sie müssen dann die Wahrnehmung und Würdigung, die Diskussion und die abschließende Bewertung selber vornehmen. Wenn Ihnen das überzeugend gelingt, ist der Einwand schon vom Tisch.

In einer ähnlichen Situation ist ein Redner, der sein Publikum überzeugen möchte. Die Einwände, die dem Publikum während des Vortrags in den Sinn kommen, muss er selber zur Sprache bringen. Er muss sie angemessen vergegenwärtigen und würdigen, anschließend zerlegen und abschließend verwerfen. Auf jeden Fall ist die Einhaltung der Schrittfolge entscheidend. Erst wenn die Geister der Kritik gebührend gewürdigt wurden, sind sie geneigt, der Macht der besseren Argumente zu weichen.

Umgehen mit Vorwänden und Ausreden

Als Führungskraft werden Sie mit Vorwänden und Ausreden konfrontiert. Ein Vorwand ist ein als Einwand verkapptes Manöver. Der Mitarbeiter möchte seine Beweggründe nicht offen vertreten und schiebt einen vermeintlichen Einwand vor. Dabei geht es ihm nicht um die geltend gemachten Gründe, sondern um ein anderes, dahinter verborgenes Motiv. Das muss nicht immer eigennützig sein. Manchmal steckt nicht mehr dahinter als »stör uns nicht in unseren Gewohnheiten«. Nicht zuletzt nutzen Mitarbeiter solche Manöver, um den Chef zu testen. Wer sich mit ein paar Ausreden abschütteln lässt, der meint es nicht ernst. Aus Mitarbeitersicht ist das eine durchaus nützliche Information.

Vorwände werden benutzt, um Konflikten aus dem Wege zu gehen. In Betrieben, in denen Angst eine bedeutende Rolle spielt, ziehen es manche Mitarbeiter vor, sich verklausuliert auszudrücken. Hinter dem Vorwand kann eine wichtige, Ihnen bisher unbekannte Information stecken. Wenn Sie den Mitarbeiter einladen, mit offenen Karten zu spielen, kann es ein sehr ein produktives Gespräch werden.

Ausreden gegen Arbeitsanforderungen

Klassische Ausreden bei Arbeitsanforderungen lauten:

- »Dafür hab ich keine Zeit. «
- »Das geht nicht, weil...«

- »Dafür hab ich keine Ausbildung. «
- »Dafür werde ich nicht bezahlt. «
- »Das kann ich nicht. «

Alle diese Ausreden behaupten »Ich kann nicht. « und bedeuten übersetzt: »Ich will nicht! «

Ausreden gegen kritische Hinweise

Bei kritischen Hinweisen erfreuen sich vier Gruppen von Ausreden großer Beliebtheit: Verantwortungsverweigerung, Schwarzer Peter, »Andere-machen-es-auch-nicht« und Verharmlosung.

Verantwortungsverweigerung

»Ich konnte nicht anders, weil ...«

- »... die Straßenbahn zu spät war. «
- »... das Computerprogramm nicht funktionierte. «
- »... die Umstände nichts anderes zuließen. «

Die Ausrede behauptet: »Jemand anderes oder unpersönliche Mächte sind verantwortlich, nicht ich. «

Schwarzer Peter

- »Der Kollege hat mich hängenlassen und deshalb konnte ich nicht anders.«
- »Unsere Chefs erwarten, dass wir im Vertrieb jede Möglichkeit ausnutzen.«
- »Der Kunde wollte das unbedingt so haben.«
- »Ich wurde unter Druck gesetzt. «

Gemeinsame Behauptung: »Jemand anderes hat mich aktiv veranlasst und der ist jetzt verantwortlich für das, was ich getan habe, und nicht ich selber.« Das ist eine manipulative Verdrehung. Für eine Handlung ist stets der Handelnde verantwortlich. Der ihn beeinflusst, ist für die Einflussnahme verantwortlich - und damit unter Umständen in einer Mitverantwortung für die resultierende Handlung. Den Handelnden entlastet das nicht von seiner eigenen Verantwortung für sein Tun.

Andere machen es auch (nicht)

- »Der Herr M. macht das immer so. Und wenn ich es einmal mache, dann bekomme ich gleich was zu hören. Sie sollten zuerst mal mit dem reden!«
- »In der Abteilung XY haben wir das auch nie gemacht und es hat nie einer was gesagt.«

Hier wird behauptet: »Weil die Regel (angeblich) nicht überall eingehalten wird, brauche ich mich auch nicht daran zu halten.«

Verharmlosung

Wenn alle Stricke reißen und die Verantwortung des Mitarbeiters für einen Fehler nicht von der Hand zu weisen ist, bleibt die Verharmlosung:

- »Das war ein Einzelfall, das passiert mir sonst nie «
- »Der Kunde hat das gar nicht gemerkt.«
- »Es ist doch gar nichts passiert.«
- »Jetzt machen Sie aber aus einer Mücke einen Elefanten.«
- »Muss man da gleich so ein Ding draus machen?«

Alle diese Ausreden behaupten: »Meine Fehler sind unbedeutend und deshalb verdiene ich, wenn überhaupt, nur ganz, ganz wenig Kritik.«

Nachlaufen und Verstecken am Arbeitsplatz

Bisweilen wird es Ihnen passieren, dass Sie versuchen, einen vermeintlichen Einwand zu bearbeiten. Sie gehen darauf guten Willens ein und finden sich unversehens in einer »Ja, aber«-Diskussion mit weiteren Ausreden wieder. Welches Spiel läuft da ab? Ich nenne es »Nachlaufen und Verstecken am Arbeitsplatz«. Das Weglaufen und Verstecken vor der Verantwortung übernehmen darin geübte Mitarbeiter und Ihnen als Chef ist der Part zugedacht, diesen Mitarbeitern »nachzulaufen«. Das hat für manche Mitarbeiter viel mehr Unterhaltungswert als die Arbeitsaufgaben, auch als unbeteiligte Zuschauer. Einige Mitarbeiter bringen es in diesem Spiel zu wahrer Meisterschaft! Wenn man als Chef darauf hereinfällt, kann man viel Zeit und Energie sinnlos verschwenden.

Wie können Sie das vermeiden? Eine Ausrede verwischt die Verantwortung für eine zurückliegende oder bevorstehende Aufgabe mit einem Pseudoargument. Alle Ausreden führen Umstände an, für die andere Menschen oder unpersönliche Mächte wie die nicht vorhandene Zeit verantwortlich sind. Deshalb kann der

Mitarbeiter den Wünschen des Chefs angeblich leider nicht entsprechen bzw. ist ihm ein bestimmtes Versäumnis unterlaufen. Ein solch albernes Niveau lassen Sie sich von niemandem aufdrängen! Gehen Sie auf die Ausrede selber mit keinem Wort ein. Setzen Sie den Gesprächsfokus hartnäckig auf die eigene Verantwortung des Mitarbeiters. *»Was werden Sie persönlich unternehmen, um das Problem in Zukunft nicht mehr erleben zu müssen, Frau Mühlenberg?«* Sie sollten damit rechnen, dass eine direkte Ansprache der persönlichen Verantwortung zuerst auf Missvergnügen, Widerstand und Ausreden stößt. Lassen Sie sich davon nicht beirren!

Die »Ausrederitis« eindämmen

Wie können Sie die »Ausrederitis« systematisch eindämmen?

- Verkünden Sie bei jeder sich bietender Gelegenheit, dass Sie Ausreden nicht mögen und erwarten, dass jeder für sein Handeln die Verantwortung übernimmt.
- Sorgen Sie dafür, dass es für Ihre Mitarbeiter unangenehmer ist, Ihnen mit einer Ausrede zu kommen, als einen Fehler zuzugeben.
- Sammelns Sie Ausreden. In vielen Branchen gibt es spezifische Ausreden, die Sie als Führungskraft immer wieder zu hören bekommen. Das gilt insbesondere für den Vertrieb. Wo der Druck hoch ist, sind auch Ausreden häufig! Machen Sie sich einen Sport daraus, die gängigsten Ausreden Ihrer Branche zu kennen und parieren zu können!

Diese Standardvorwände sollen Sie routiniert kontern können. Durch das *Training mit der Webcam* bekommen Sie schnell die nötige Routine. Unter *Training mit der Webcam* finden Sie ein *Standard-Ausreden-Training* mit der entsprechenden Übung.

Killerphrasen

Killerphrasen zielen darauf, das adressierte Thema aggressiv zu »versenken«. Hier ein paar Beispiele:

- »Das ist doch kompletter Quatsch / Blödsinn / Schwachsinn!«
- »Das können Sie gar nicht beurteilen!«
- »Das haben wir schon immer so gemacht«
- »Dafür fehlt Ihnen das Fachwissen!«
- »Wer hat Ihnen denn das erzählt?«
- »Das bringt nichts.«
- »Es gibt keine Alternative!«

Solche Aussagen blockieren das Gespräch und machen eine gemeinsame Lösung unmöglich. Dem Chef im Mitarbeitergespräch mit Killerphrasen zu kommen, ist schon ein bisschen frech. Aber wer hat Ihnen versprochen, dass Mitarbeiter nie frech werden? Doch fangen wir erst mal bei Ihnen an: Wann haben Sie das letzte Mal eine Idee mit einer Killerphrase abgebügelt? Ihr eigenes Verhalten ist Rollenmodell für Ihre Mitarbeiter und deshalb ist es eine wirksame Maßnahme, wenn Sie selber auf die Verwendung von Killerphrasen verzichten.

Wie gehen Sie mit Killerphrasen um, die Ihnen im Gespräch vorgetragen werden? Selbstverständlich haben Sie als Führungskraft die Möglichkeit, sich den Ton zu verbitten. Das kann angebracht sein. Die bedeutendere Frage ist: Welche Botschaft steckt hinter der Killerphrase? Ähnlich wie beim Umgehen mit Vorwänden kann es Sinn machen, den Kollegen dazu anzuregen, seine tatsächlichen Bedenken zu artikulieren, damit sie ernsthaft besprochen werden können. Dafür ist es zweckmäßig, durch eine Gegenfrage den Gesprächspartner in die sachliche Auseinandersetzung zu ziehen, die er gerade versucht zu verweigern.

Beim Umgang mit Killerphrasen werden Sie also zwei Ziele verfolgen: Die damit verbundene Anmaßung zu korrigieren und zugleich zum eigentlichen Motiv des Sprechers vorzudringen. Was davon Ihnen gerade wichtiger ist, müssen Sie je nach Lage der Dinge entscheiden.

Unter *Training mit der Webcam* finden Sie ein *Killer-Phrasen-Training* mit einer umfangreichen Liste von gängigen Killerphrasen sowie einer praktischen Übung zum Umgang damit.

Durch Fragen führen

Fragen sind ein mächtiges Instrument. Sie beeinflussen das Denken und die Aufmerksamkeit anderer Menschen unmittelbar und viel wirksamer als etwa eine Anweisung. Mit Fragen können Sie einen Mitarbeiter freundlich einladen, Ihnen Dinge über sich persönlich mitzuteilen, oder Sie können gezielt Informationen abfordern. Mit Fragen lässt sich ein Gespräch dezent steuern, mit Fragen kann die Führungskraft rigoros das Gespräch dominieren. Starke Führungskräfte verstehen sich auf die Kunst des Fragenstellens. Wer fragt, der führt! Offene Fragen, verbunden mit der Bereitschaft zum aktiven Zuhören sind für einen dialogischen Gesprächsstil unverzichtbar. Forschende und fordernde Fragen unterstreichen einen direktiver Gesprächsstil wirkungsvoll.

Das Gegenteil von Fragen ist Monologisieren (»Predigen«). Manche Führungskräfte haben sich darauf verlegt, zu predigen. Die Mitarbeiter stellen auf Durchzug und der Chef erfährt nicht, wie sie die Angelegenheit wahrnehmen. Gibt es Einwände oder reale Schwierigkeiten? Der »Prediger« kann nur raten.

Fragen sind mächtig und enorm vielseitig. Wie finden Sie als Führungskraft in einer gegebenen Situation die richtige Frage an den Mitarbeiter? Es gibt kein Patentrezept. Das Fragestellen bleibt eine Kunst und erstaunlich wenige Autoren wagen sich überhaupt an das Thema heran. Einige nützliche Hinweise möchte ich Ihnen geben.

Formulieren Sie Fragen positiv!

Fragen sollen positiv formuliert sein. »Möchten Sie einen Espresso?«, »Was hat Sie nach Köln verschlagen?«, »Was halten Sie von dem neuen Produkt?« – das sind alles klare Fragen, die zu Antworten einer bestimmten Reichweite einladen. Eine negativ formulierte Frage wie »Möchten Sie jetzt noch keinen Espresso?« lässt leicht logische Verwirrung entstehen. Was bedeutet die Antwort »Ja« auf diese Frage? Mit positiv formulierten Fragen kommuniziert es sich leichter!

Vermeiden Sie Kettenfragen!

Ebenfalls Verwirrung stiften Kettenfragen. »Wie hat es Sie nach Köln verschlagen? Sind Sie in Düsseldorf geboren, oder nur dort aufgewachsen? Werden Sie in Köln oft auf Ihren Düsseldorfer Hintergrund angesprochen?« Welche Frage soll der Befragte beantworten? Wer als Führungskraft nicht genau weiß, wonach er fragen möchte, darf sich nicht wundern, wenn die Mitarbeiter sich davon anstecken lassen. Wenn Sie eine Frage stellen, ist es ein Gebot der Höflichkeit und der kommunikativen Disziplin, die Antwort anzuhören. Hören Sie aktiv zu und danach können Sie Ihre nächste Frage stellen.

Wer fragt, muss die Antwort ertragen können

Wer die Frage stellt, muss die Antwort ertragen können. Wenn Sie bestimmte Antworten nicht hören wollen, dann stellen Sie die Frage nicht so und machen Sie Ihren Erwartungskorridor vorher klar. Fragen, die den Mitarbeiter überfordern, nutzen niemandem. Wenn Sie Mitarbeiter einladen, Ihnen dummes Zeug zu erzählen, haben Sie hinterher die Arbeit, alles wieder zurechtzurücken. Und die Mitarbeiter haben den Frust, Ihren Erwartungen nicht entsprochen zu haben. Beim Autofahren reicht es auch nicht aus, Gas zu geben. Man muss auch lenken, sonst kann erheblicher Schaden entstehen. So ist es beim Fragestellen auch.

Offene und geschlossene Fragen

»Möchten Sie jetzt einen Espresso?« ist eine Frage, die als Antwort ein »Ja« oder ein »Nein« nahelegt. »Wann geht Ihr Zug?« ist ebenfalls eine Frage, die zu einer kurzen, präzisen Antwort auffordert. Fragen dieser Art werden als geschlossene Fragen bezeichnet. Offene Fragen dagegen laden ein, ein Thema mit verschiedenen, zusammenhängenden Aspekten in eigenen Worten darzulegen. »Wie kam es, dass Sie nach dem Studium nach Köln gingen?« – die Frage lädt ein, eine persönliche Geschichte zu erzählen. »Was halten Sie von dem neuen Produkt?« – die Antwort wird dem Fragesteller zeigen, welche Aspekte des Produkts in der Wahrnehmung des Befragten im Vordergrund stehen.

Offene Fragen sind hervorragend geeignet, in respektvoller Weise Informationen zur Person des Gesprächspartners zu erbitten und so die Beziehung zu festigen. Offene Fragen sind ebenfalls sehr gut geeignet, zu Beginn der Verhandlungsphase (s.u.) nötige Informationen zu sammeln und persönliche Wahrnehmungen und Bewertungen Ihres Gesprächspartners auszuloten. Geschlossene Fragen dienen der Klärung von Details (»Welches Material wollen Sie verwenden?«) und dem Einfordern von Entscheidungen und Commitment (»Wann wollen Sie damit beginnen?«). In einem erfolgreichen, zielorientierten Gespräch werden zunächst die offenen Fragen überwiegen und später die geschlossenen.

Rhetorische Fragen

Rhetorische Fragen sind Fragen, die sich im Kopf des Befragten von selbst beantworten. Das erfordert Taktgefühl in der Anwendung, denn der Fragesteller erwartet ja gar keine Antwort. Das kann schnell ein bisschen schnippisch wirken. Rhetorische Fragen können benutzt werden, um eine emotionale Dynamik aufzubauen, die die Zuhörer mitnimmt: »Das neue Verfahren würde uns ermöglichen, in bisher ungekannter Qualität zu produzieren. Nun zeigt sich, dass die Einführung unerwartete, zusätzliche Anstrengungen erfordert. Werden wir all die schon erbrachte Anstrengung abschreiben und unseren Wettbewerbern den Gefallen tun, jetzt das Handtuch zu werfen?« Hier wird der Wettbewerbsgeist angerufen, die erforderliche Anstrengung zu mobilisieren. Rhetorische Fragen können auch eingesetzt werden, um emotionalen Druck auf den »Befragten« zu entwickeln: »Wie lange glauben Sie, werde ich mir das noch anschauen?« Die Antwort ist klar: Keine 5 Minuten! Die Chefin erwartet jetzt eine Veränderung!

Indirekte Fragen

Eine andere Klasse von Fragen sind indirekt formuliert:

- »Wie werden Sie mit der Kritik von Herrn Müller umgehen?«
- »Wenn wir Ihren Kollegen in Dortmund zu diesem Vorgang befragen würden, wie würde er die Angelegenheit bewerten?«
- »Wenn Sie in fünf Jahren auf dieses Projekt zurückschauen werden, wie wird sich die heutige Problematik für Sie darstellen?«

Indirekte Fragen sind trickreich. Sie können dem Befragten helfen, eine andere Perspektive einzunehmen oder bestimmte mentale Ressourcen zu mobilisieren.

Zirkuläres Fragen

Unter der Bezeichnung »zirkuläres Fragen« werden in der Psychotherapie bestimmte indirekte Fragetechniken kultiviert, die auch im Businessumfeld durch einschlägig ausgebildete Coaches sinnvoll eingesetzt werden können. Sie selber sind als Führungskraft nicht der Coach ihrer Mitarbeiter. Möglicherweise begleiten und unterstützen Sie Ihre Mitarbeiter eng. Im Unterschied zum Coach werden Sie aber stets Resultate einfordern und aus Arbeitgebersicht bewerten, denn das ist die Aufgabe von Führungskräften. In diesem Buch finden Sie ausschließlich pragmatisch handhabbare Fragetechniken, die keine langwierige Spezialausbildung erfordern.

Kausalfragen

Ein Wort noch zu den sogenannten Kausalfragen. Wieso, weshalb und warum fordern auf, im Kopf Kausalitäten herzustellen. Das ist mit Gefahren verbunden. Die Realität ist oft komplex und eine vorschnelle Einschränkung der Betrachtung auf wenige Kausalzusammenhänge verschleiert leicht wichtige Aspekte. Zweitens erzeugt die Frage nach Kausalitäten im Kopf des Befragten oft Rechtfertigungsdruck. Der Mitarbeiter wird sich dann darauf konzentrieren, sich zu verteidigen. Wenn es Ihr Ziel ist, gemeinsam mit dem Mitarbeiter eine Lösung zu finden und umzusetzen, dann vermeiden Sie besser »Wieso, weshalb, warum«. Das Gespräch droht sonst schnell eine ganz unproduktive Richtung zu nehmen. Um Fehlerursachen zu erkennen und für die Zukunft auszuschließen kommen Sie weiter mit der Frage: »Was können wir/Sie tun, um das in Zukunft zu vermeiden?«

In manchen Fällen hat »Wieso, weshalb, warum« noch einen Subtext: »Ich bin der Boss, vor dem du dich rechtfertigen musst«. Daran werden Ihre Mitarbeiter ohnehin wenig Zweifel haben und sich eher fragen, was Sie mit solcher Dominanzdemonstration erreichen wollen.

Die drei Gesprächsebenen

Gespräche, und da machen Mitarbeitergespräche keine Ausnahme, bewegen sich auf drei logischen Ebenen: Der Sachebene, der Beziehungsebene und der Aktionsebene.

Sachebene

Auf der Sachebene werden Zahlen, Daten, Fakten ausgetauscht und interpretiert. Die Klärung von komplexen Sachverhalten im Gespräch kann sich anspruchsvoll gestalten. Die kommunikativen Fähigkeiten und fachlichen Kenntnisse der Mitarbeiter sind unterschiedlich und es gibt viele Möglichkeiten, an einander vorbei zu reden. Als Führungskraft sind Sie gefordert, durch geeignete Fragen und Gesprächsimpulse eine Klärung der Sachverhalte herbeizuführen.

Beziehungsebene

Tangiert das Thema des Gesprächs Ihre Beziehung zu dem Mitarbeiter? Auch die »Selbstbeziehung« des Mitarbeiters ist von Interesse. Was verlangt der Kollege sich selbst ab? Welche Bedürfnisse hat er in Bezug auf die anstehenden Aufgaben?

Und schließlich sind die übrigen Akteure zu betrachten. Wie nehmen sie die zu besprechenden Sachverhalte wahr und deuten sie für ihre Beziehungen untereinander? Was bedeutet ein Sachverhalt z.B. für den Kunden, aus Sicht des Qualitätsmanagements oder des Controllings? Welche Erwartungen haben die Akteure aneinander? Und wie nehmen sich die Fakten auf dem Hintergrund dieser Erwartungen aus? Oft überschauen Mitarbeiter nicht, welche Wirkungen ihr Handeln auf andere Akteure hat, und wann es Zeit ist, initiativ Beziehungen aufzubauen und zu pflegen. Wenn es um Beziehungen zu Akteuren außerhalb Ihres Verantwortungsbereichs geht, sind Sie gefordert, den Überblick zu behalten und die Mitarbeiter bei Bedarf anzuleiten.

Aktionsebene

Auf der Aktionsebene geht es um das weitere Vorgehen. Was wird der Mitarbeiter unternehmen? Was wollen Sie tun? Welche weiteren Akteure wollen Sie oder der Mitarbeiter zu Aktionen veranlassen? Starke Mitarbeiter entwickeln eigenständig gute Ideen für das weitere Vorgehen. Sie können sich dann auf eine begleitende und unterstützende Rolle zurückziehen. Schwächere oder unerfahrene Kollegen müssen Sie anleitend und wenn nötig mit direkten Anweisungen begleiten.

In den meisten Gesprächen spielen alle drei Ebenen eine Rolle. Aber nicht jeder Gesprächsanlass erfordert es, jede der drei Gesprächsebenen zu bearbeiten.

Das Konzept der drei Gesprächsebenen erleichtert es Ihnen, Ihre Gesprächsziele zu bestimmen sowie die dazu passenden Fragen vorzubereiten. Wir kommen darauf zurück.

Gesprächsvorbereitung

Mitarbeitergespräche wollen vorbereitet sein. Sobald Sie darin etwas Routine gewonnen haben, werden Sie das in einigen Minuten erledigen. Wie eignen Sie sich diese Routine an? Es gibt nur einen Weg: In der Praxis! Wenn Sie Ihre Mitarbeitergespräche konsequent und diszipliniert vorbereiten, werden Sie bessere Gespräche erleben. Schon bald werden Sie bemerken, dass Ihnen die Vorbereitung zunehmend schneller von der Hand geht.

Für die inhaltliche Gesprächsvorbereitung möchte ich Ihnen vier zentrale Fragen ans Herz legen, die in diesem Kapitel betrachtet werden:

1. Was ist mein Gesprächsziel?
2. Mit welchen Einwänden oder Ausflüchten muss ich rechnen?
3. Mit welchen »guten« Fragen kann ich das Gespräch lenken?
4. Welchen Gesprächsstil will ich anwenden?

In den meisten Fällen werden Sie mit diesem pragmatischen Ansatz gut fahren. Wenn Sie vor einem herausfordernden Mitarbeitergespräch stehen, überlegen Sie sich vorher genau die Gesprächseröffnung und proben sie vor der Webcam. Das gleiche gilt für die Behandlung der wichtigsten Einwände und Vorwände, die Sie erwarten.

Rahmenbedingungen

Geeigneter Ort und Sitzordnung

Ein Mitarbeitergespräch sollte unter vier Augen und Ohren stattfinden. Falls Ihr Arbeitsplatz dafür ungeeignet ist, benötigen Sie einen anderen Ort, an dem Sie ungestört sprechen können. Sie sollten gemeinsam an einem Tisch sitzen können, auf dem Sie Unterlagen ausbreiten oder sich etwas notieren können. Am günstigsten ist die Sitzanordnung in 90°. Ihr Schreibtisch ist kein »gemeinsamer Tisch«, sondern Ihr »Territorium«. Wenn Sie dahinter sitzen und der Mitarbeiter davor, schaffen Sie mehr Distanz, als für ein gutes Gespräch nützlich ist. Ein ordentlich ausgestatteter »Chefarbeitsplatz« hat für solche Gelegenheiten einen separaten Besprechungstisch.

Störungen ausschließen

Jedes Gespräch leidet, wenn es zu Störungen kommt. Wenn Sie Störungen zulassen, demonstrieren Sie dem Mitarbeiter die geringe Bedeutung des Gesprächs und seiner Person. Blocken Sie deshalb alle »normalen« Störungen konsequent ab. Sie sind für die Leute anschließend wieder erreichbar.

Einladung

Zu einem Gespräch sollte der Mitarbeiter mit angemessenem Abstand eingeladen werden. Was angemessen ist, hängt von den Umständen ab. Wie viel Vorbereitung erfordert das Gesprächsthema? Muss der Mitarbeiter Vorbereitungen treffen, um den Arbeitsplatz verlassen zu können? Muss er anreisen? Irgendwo zwischen einer halben Stunde und zwei Wochen liegt die Antwort. Mit der Einladung sollten Sie das Thema und das Gesprächsziel mitteilen und Ihre Erwartungen an die erforderliche Vorbereitung und mitzubringende Unterlagen ausdrücken.

Beispiel: »Ich möchte zu einer Entscheidung in der Angelegenheit XY kommen und benötige von Ihnen Informationen, nämlich ABC. Außerdem interessiert mich Ihre persönliche Meinung zu den Entscheidungsalternativen. Bitte bereiten Sie das Gespräch vor und bringen die erforderlichen Unterlagen mit.«

Schließlich stellen Sie noch sicher, dass Sie eine Zeitscheibe reservieren für Ihre persönliche Gesprächsvorbereitung. Zum Gespräch selber bringen Sie Ihre Unterlagen nach Bedarf sowie einen Notizblock mit.

Gesprächsziele bestimmen

Wenn Sie für ein Mitarbeitergespräch die passenden Ziele bestimmt haben, ist das eine gute Voraussetzung, um sie zu erreichen. Dies ist der allerwichtigste Punkt Ihrer Gesprächsvorbereitung! Die richtigen Gesprächsziele finden Sie, indem Sie die drei Gesprächsebenen gezielt »absuchen«.

Sachebene

Gibt es Informationen oder Erklärungen, die Sie von Ihrem Gesprächspartner benötigen? Möchten Sie dem Mitarbeiter bestimmte Informationen geben oder sachliche Zusammenhänge aufzeigen?

Beziehungsebene

Gibt es offene Themen in der Führungsbeziehung zu Ihrem Mitarbeiter? Gibt es Dinge zu besprechen, die die Beziehung des Mitarbeiters zu Dritten (Kollegen, Kunden, Nachbarabteilung etc.) betreffen? Möchten Sie die aktive Unterstützung des Mitarbeiters in einer bestimmten Angelegenheit gewinnen?

Aktionsebene

Zu welchen Aktionen wollen Sie den Mitarbeiter bewegen? Was sind Sie selbst bereit beizutragen?

Formulieren Sie Gesprächsziele schriftlich und in positiven Aussagen, deren Objekt und Subjekt Sie bzw. der Mitarbeiter sind.

Beispiel:

- *Ich erhalte von Herrn XY alle Detailinformationen zu dem Projekt ABC, um die aktuellen Schwierigkeiten einschätzen zu können.*
- *Herr XY wird mich informieren, welche Kundenreaktionen er bisher erhalten hat.*
- *Ich möchte schnell über eine geeignete Kommunikationsstrategie gegenüber den Kunden entscheiden und benötige Herrn XYs Meinung und dazu einige gute Vorschläge von ihm.*
- *Ich möchte von Herrn XY wissen, welche nächsten Schritte er für das Projekt ABC plant und möchte meinerseits prüfen, ob ich diese für ausreichend halte.*

Nicht jedes Gespräch benötigt Ziele auf allen drei Ebenen, aber fast immer sind zwei der drei Ebenen im Spiel. Meist ergibt sich aus den einzelnen Gesprächszielen eine logische Abfolge. Bei stabiler Beziehung zwischen Ihnen und dem Mitarbeiter wird die Reihenfolge Sachebene – Beziehungsebene – Aktionsebene meist die logischste sein. Wenn es zwischen Ihnen und dem Mitarbeiter ungeklärte Beziehungsthemen gibt, dann gilt die alte Regel: Beziehungsfragen gehen vor!

Einwände vorhersehen

Mit welchen Einwänden Sie seitens Ihres Mitarbeiters rechnen sollten, hängt von Ihren Zielen und der Persönlichkeit und konkreten Betroffenheit des Mitarbeiters ab. Die folgenden Fragen können Ihnen Anhaltspunkte für mögliche Einwände liefern:

- An welchen Stellen wird das Gespräch den Erfahrungshorizont des Mitarbeiters verlassen?
- Führt das Gesprächsthema zu mehr Arbeit oder Verantwortung für den Mitarbeiter?
- Besteht für den Mitarbeiter Anlass, eine Einschränkung seiner Handlungsfreiheit zu befürchten?
- Kommen auf den Mitarbeiter Anforderungen zu, in seinem Arbeitsalltag Veränderungen vorzunehmen?
- Gibt es zwischen Ihren Gesprächszielen und den persönlichen Werten und Einstellungen des Mitarbeiters einen Konflikt?
- Vertritt der Mitarbeiter fachliche Auffassungen, die mit Ihren Gesprächszielen inkompatibel erscheinen?
- Welche Ängste könnte das Thema bei dem Mitarbeiter auslösen?

Zuerst identifizieren Sie die zu erwartenden Einwände. Dann überlegen Sie sich, wie sie zu behandeln sind. Unter Umständen entscheiden Sie sich, einen bestimmten Einwand gleich vorweg zu behandeln.

Den richtigen Gesprächsstil wählen

Der effektivste Gesprächsstil mit motivierten und fähigen Mitarbeitern ist *dialogisch*. Der Dialog ist ein Zwiegespräch, bei dem beide Seiten einander aktiv zuhören, sich gegenseitig Raum geben, eigene Ideen auszubreiten und sich wechselseitig befragen. Zum Wesen des Dialogs gehört es, sich dem Unerwarteten in der Rede des Gesprächspartners auszusetzen. Ist das zwischen Menschen in einer hierarchischen Beziehung möglich? Ja, es ist möglich und in Bezug auf hochmotivierte und fähige Mitarbeiter ist es unbedingt erforderlich. Diese Mitarbeiter spielen in fachlicher Hinsicht oft in der gleichen Liga wie der Chef. Auf Grund ihres hohen Leistungsbeitrags ist auch der Chef auf sie angewiesen. Meist zeigen beide Seiten ein hohes Interesse an einer funktionierenden Beziehung. Ein dialogisches Gespräch in einer hierarchischen Beziehung erfordert, dass beide Seiten sich in ihrer jeweiligen Rolle und Verantwortung anerkennen und respektieren. Das reicht, Gleichheit ist nicht erforderlich.

Wie zeigen Sie dem Mitarbeiter, dass Sie seine Rolle und Verantwortung respektieren? Sie hören zu, stellen Fragen und überlassen es dem Mitarbeiter, innerhalb seines Verantwortungsbereichs die erforderlichen Problemlösungen und Vorgehensweisen zu wählen. Auch zu übergreifenden Fragen und Entscheidungen, die den Mitarbeiter betreffen, bitten Sie ihn um seine Meinung. Mit diesem Führungs- und Gesprächsstil zeigen Sie dem Mitarbeiter Respekt und Wertschätzung: Dies wird als motivierend erlebt. Zugleich nehmen Sie den Mitarbeiter in die Verantwortung für die Entscheidungen, die er trifft und für die Empfehlungen, die er Ihnen anträgt. Im dialogischen Gesprächsstil erhalten Sie Zugang zu den Wahrnehmungen und geistigen Kapazitäten des Mitarbeiters, können Anregungen austauschen und im Idealfall mit ihm »gemeinsam denken«.

Viele Führungskräfte haben Schwierigkeiten, Mitarbeitern gegenüber eine dialogische Haltung einzunehmen. Dialogbereitschaft beinhaltet eine Portion Bescheidenheit; ein Bewusstsein, dass es Wertvolles im Wahrnehmen und Denken des Anderen gibt, das es lohnt, aufmerksam anzuhören. Führungskräfte sind erfolgreich und streben nach weiteren Erfolgen. Erfolg ist wunderbar. Ein Lehrer für Bescheidenheit ist er nicht. Was ist der Preis, wenn Führungskräfte glauben, auf einen dialogischen Gesprächsstil verzichten zu können? Wenn hochmotivierte, fähige Mitarbeiter anhaltend direktiv geführt werden, mit direkten Anweisungen, ohne Diskussion und mit sparsamem Feedback, dann ist die unausgesprochene Botschaft: »Deine Meinung interessiert mich nicht!«. Das macht niemandem Freude. Anspruchslose Gemüter werden sich anpassen und mit dem Standpunkt komfortabel einrichten, dass Denken Chef-Sache sei. Die Ambitionierten suchen sich eine andere Wirkungsstätte und wenn das nicht gelingt, gehen sie in die innere Kündigung. Wer nachhaltig erfolgreich sein möchte, braucht gerade die leistungsfähigsten und ambitioniertesten Mitarbeiter als aktiven Teil des Teams. Der Verzicht auf eine Aneignung und Beherrschung des dialogischen Gesprächsstils ist für erfolgsorientierte Führungskräfte in der heutigen Zeit keine Option.

Der dialogische Gesprächsstil ist kein Allzweckmittel, im Gegenteil. Er ist für die oben angesprochene Gruppe der motivierten, fähigen Mitarbeiter reserviert. Menschen, die ihren eigenen Arbeitsprozess nicht beherrschen und überschauen, Anfänger etwa, benötigen verständliche und direkte Handlungsanweisungen. Ergänzend werden Sie bei einem motivierten Anfänger bereit sein, in Form von Erklärungen und Hilfestellungen dessen Einarbeitung und Entwicklung zu unterstützen. Daraus ergibt sich ein *investierend-direktiver* Gesprächsstil.

Für Gespräche mit Mitarbeitern, denen es nicht nur an der Befähigung, sondern auch an der Motivation fehlt, wählen Sie einen *nüchtern-direktiven Gesprächsstil*. Kurz, knapp, zielorientiert, dabei sachlich und fair. Es ist kein Verbrechen, unmotiviert und unfähig zu sein, aber niemand wird es Ihnen danken, wenn Sie mit diesen Mitarbeitern mehr Zeit als nötig verbringen. Damit im Gespräch alles schön zügig geht, müssen Sie sich vorher überlegen: Was ist Ihr Ziel? Welche genauen Anweisungen soll der Mitarbeiter aus dem Gespräch mitnehmen? Wann erwarten Sie eine (zeitnahe!) Rückmeldung?

Bei fähigen Mitarbeitern, die Motivationsschwierigkeiten haben, wird Ihr Ziel sein, sie als volle Leistungsträger und Dialogpartner zurückzugewinnen. Dialogbereitschaft Ihrerseits verbindet sich mit Ansprüchen an die Haltung dieser Mitarbeiter, und wenn die scheitern sollten, müssen Sie bereit sein, auf den direktiven Gesprächsstil zurückzugreifen.

Die hier angesprochen Faktoren Befähigung und Motivation sind keine konstanten Attribute einzelner Mitarbeiter. Sie verändern sich mit der Zeit und können sich bezogen auf unterschiedliche Aufgaben bei demselben Mitarbeiter unterschiedlich darstellen.

Direktiver und dialogischer Gesprächsstil sind also keine absoluten Gegensätze. Sie sind unterschiedliche Verhaltensoptionen im Mitarbeitergespräch, die Sie ja nach Ihrer Wahrnehmung des Mitarbeiters, der Situation und des Gesprächsverlaufs gezielt einsetzen und bei Bedarf wechseln können.

Gute Fragen finden

Mit Fragen beeinflussen Sie das Denken Ihres Gesprächspartners sehr direkt. Auf diese Weise können Sie einem Gespräch Richtung geben. Damit das gelingt, muss es die »richtige« Frage sein, die in Ihrem Gesprächspartner in diesem Moment etwas auslöst.

Eine gute Frage zu finden ist nicht einfach und im Gespräch ist Ihre Aufmerksamkeit durch den Gesprächsverlauf beansprucht. Es ist deshalb sehr zu empfehlen, dass Sie sich vor jedem Mitarbeitergespräch 2-3 gute Fragen überlegen. Die können Sie dann im rechten Moment ins Spiel bringen. Ob Sie alle Fragen zum Einsatz bringen, ist nicht entscheidend. Oft wird Ihnen eine gute Frage reichen, um das Gespräch ins Ziel zu steuern.

Wie finden Sie gute Fragen vorab?

Im Gespräch mit fähigen und motivierten Mitarbeitern ist es einfach. Sie formulieren eine Ihren Gesprächszielen entsprechende Aufgabe und bitten mit einer offenen Frage den Mitarbeiter, Ihnen die Lösung aufzuzeigen (dialogischer Gesprächsstil).

Beispiel: »Wir haben dem Großkunden XY Lieferung bis 30.6. zugesagt. Angesichts der technischen Störungen in der Produktion in den letzten 48 Stunden mache ich mir Sorgen um die Lieferung. Wie können wir den zugesagten Liefertermin sicherstellen?«

Beim direktiven Gesprächsstil fragen Sie die relevanten Sachverhalte mit geschlossenen Fragen ab. Die Lösung zeigen Sie selbst dem Mitarbeiter schrittweise auf. Benutzen Sie geschlossene Fragen, um den Mitarbeiter gedanklich auf dem Weg mitzunehmen.

Beispiel: »Ihre Aufgabe ist es, den Rechner zunächst auf die neue Betriebssystemversion umzustellen. Haben Sie das schon einmal gemacht? Sehr gut, dann wissen Sie ja, was zu tun ist. Anschließend bringen Sie ihn bitte zur Marketingabteilung. Geben Sie ihn bei Frau XY ab. Kennen Sie die Kollegin?«

Diese »kleinen« Fragen verlangen nicht viel Fantasie. In der Schlussphase eines direktiv geführten Gesprächs können Sie sich aus den drei folgenden Standardfragen bedienen:

- »Haben Sie das verstanden?«
- »Können Sie das geplante Vorgehen bitte in Ihren eigenen Worten zusammenfassen?«
- »Kann ich mich auf Sie verlassen?«

Gesprächsablauf

Alle geordneten Gespräche kann man analytisch in drei Phasen aufteilen: Die Gesprächseröffnung, eine Verhandlungsphase und den Gesprächsabschluss. Das verhält sich bei Mitarbeitergesprächen nicht anders.

Gesprächseröffnung

In der Gesprächseröffnung geht es um die wechselseitige Kenntnisnahme, die Klärung bzw. Vergegenwärtigung von Gesprächsanlass und –ziel sowie um das beabsichtigte Vorgehen im Gespräch.

Wechselseitige Kontaktaufnahme und Kenntnisnahme

Ein sinnvolles und vertrauensvolles Gespräch erfordert, dass wir wissen, wer der Gesprächspartner ist und seine Präsenz zur Kenntnis nehmen. Auch der Gesprächspartner soll wissen, wer ich bin und mich als Person und Gesprächspartner wahrnehmen. Wenn man sich mehrmals täglich sieht, dann mag schon ein »Kommen Sie rein, Herr Müller« genügen, um das dem angesprochenen Mitarbeiter zu signalisieren. In allen anderen Fällen ist eine kurze Anwärmphase angebracht. Sie können sich nach dem Befinden des Kollegen erkundigen, nach den Ereignissen in seinem Leben oder nach Themen, die ihn bekanntermaßen interessieren. Auf diese Weise zeigen Sie, dass Sie den Kollegen nicht nur als Rädchen im Getriebe wahrnehmen, sondern als Menschen mit eigener Persönlichkeit. Sie können auch etwas Persönliches über sich mitteilen. Dehnen Sie das aber nicht ungebührlich aus. Wenn es Ihnen leicht fällt, in dieser Weise den Kontakt mit Mitarbeitern aufzunehmen, dann dürfen Sie den nächsten Absatz gerne überspringen.

Vielen sachorientierten Chefs fällt es schwer, sich persönlich für ihre Mitarbeiter zu interessieren. Die Sachthemen, stehen für sie im Vordergrund und der Zeitdruck tut ein Übriges. Das ist ein Fehler. Eine nachlässige Begrüßung und Kontaktaufnahme registriert der Mitarbeiter zutreffend als Desinteresse an seiner Person. Es ist unrealistisch zu erwarten, dass er sich anschließend unvoreingenommen und mit allen Sinnen engagiert Ihren sachlichen Anliegen zuwendet. »So schnell wie möglich« zur Sache zu kommen, ist nicht rational. In Wahrheit ist es irrational, denn die Intensität des Gesprächskontakts und der verfügbaren Energien wird von vornherein reduziert.

Und nun die gute Nachricht: Es besser zu machen ist ganz leicht. Fragen Sie beim nächsten Mitarbeitergespräch den Kollegen, wie es ihm geht! Hören Sie aktiv zu und kommen nach einigen Minuten wie gewohnt »zur Sache«. Beobachten Sie, was passiert. Im nächsten Schritt können Sie es bei anstehenden Mitarbeitergesprächen auch mit spezifischeren Fragen versuchen (»Wie war der Urlaub?«, »Was macht der Hund?«). Sie werden feststellen, dass die meisten Mitarbeiter sich Ihren Ideen auf der Sachebene viel bereitwilliger öffnen, wenn Sie Ihnen persönliches Interesse entgegenbringen.

Noch ein Wort zum Handschlag bei der Begrüßung: Wenn Sie sich mehrmals täglich sehen, können Sie sich den sparen. Ansonsten ist es in Mitteleuropa nie ein Fehler, einen Gesprächspartner mit Handschlag zu begrüßen und meistens ist es ein Fehler, es nicht zu tun. Ein kräftiger Händedruck zur Begrüßung und freundlicher Blickkontakt unterstützen die erfolgreiche Kontaktaufnahme.

Klärung des Gesprächsziels

Wenn die Begrüßung vollzogen ist, lautet die nächste Frage, die zu klären ist: Warum sind wir hier? Möglicherweise haben Sie eine Einladung verschickt, oder den Termin mündlich mit Gesprächsziel vereinbart. Wunderbar. Heißt das, dass Sie sich die Klärung des Gesprächsanlasses schenken können? Mitnichten! Damit es losgehen kann, müssen Sie und Ihr Gesprächspartner sich hier und jetzt vergegenwärtigen, worum es Ihnen beiden in dem Gespräch gehen wird. Das fällt leichter, wenn das vorab schon geklärt war. Aber war wirklich alles klar? Wenn Sie eine Einladung formuliert haben, wie hat Ihr Gesprächspartner sie verstanden? Manchmal sind seit der Einladung frische Ereignisse eingetreten, die zu einer Modifizierung des Gesprächsziels Anlass geben. Das Gesprächsziel muss ausdrücklich benannt und sichergestellt werden, dass beide das gleiche darunter verstehen.

Klärung des Vorgehens

Hier gilt sinngemäß das Gleiche wie für das Gesprächsziel. Wenn Sie eine Agenda verschickt haben, schauen Sie gemeinsam darüber und bestätigen oder modifizieren sie. Jetzt ist der Zeitpunkt, das Vorgehen zu vereinbaren. Der geplante Zeitraum für das Gespräch sollte in Erinnerung gerufen und der zeitlichen Rahmen verbindlich vereinbart werden.

Wenn Sie das Gespräch initiiert haben, ist es an Ihnen, das Gespräch zu eröffnen. Legen Sie das Ziel und das von Ihnen beabsichtigte Vorgehen dar. Beim dialogischen Gesprächsstil holen Sie das Einverständnis des Mitarbeiters ein (*»Ist das so für Sie ok, Frau Bayer?«*). Wenn das Gesprächsziel und das beabsichtigte Vorgehen geklärt wurden, ist die Gesprächseröffnung abgeschlossen. Ein guter Übergang zur Verhandlungsphase ist es oft, den Mitarbeiter mit einer offenen Frage einzuladen, einen bestimmten Sachverhalt oder seine Sicht des Themas darzustellen.

Wenn der Mitarbeiter das Gespräch initiiert hat, ist es angebracht, ihn das Gesprächsziel und gegebenenfalls das gewünschte Vorgehen aus seiner Sicht nennen zu lassen. Sie intervenieren, wenn aus Ihrer Sicht etwas nicht passend ist.

Das Gelingen der Gesprächseröffnung ist entscheidend für ein effektives und effizientes Gespräch. Eine gute Gesprächseröffnung ist kurz und präzise. Vor Gesprächen, die wichtig und schwierig sind, empfiehlt sich, die Gesprächseröffnung zu üben. Bei den Übungsaufgaben unter *Training mit der Webcam* finden Sie auch eine Anleitung zum *Training von Gesprächseröffnungen*.

Verhandlungsphase

Für den Verlauf der Verhandlungsphase gibt es unendlich viele verschiedene Möglichkeiten, abhängig vom Gesprächsanlass, Ihren Zielen und den Motiven des Mitarbeiters. Meistens ist die einfachste Taktik die beste: Ihre Gesprächsziele und Erwartungen klar mitteilen und mit guten Fragen direkt auf das Ziel lossteuern. Immer dann, wenn Sie Einwände zu hören bekommen, kümmern Sie sich darum.

Wenn die Initiative zum Gespräch vom Mitarbeiter ausging, lassen Sie ihm den ersten Zug. Sobald Ihnen klar wird, worum es dem Mitarbeiter geht, gehen Sie darauf ein.

Nachdem Sie sich diese beiden Taktiken perfekt angeeignet haben, dürfen Sie gerne über raffiniertere Gesprächstaktiken nachdenken. Bitte nicht vorher.

Gesprächsabschluss

Jedes Gespräch endet irgendwann, aber einen geordneten Abschluss erhält es nicht automatisch. Eine gute Gesprächszusammenfassung beinhaltet folgende Punkte:

- Was war unser Gesprächsziel und was haben wir erreicht?
- Welche wichtigen Erkenntnisse wurden erzielt?

- Welche Aktionen wurden vereinbart? Wer macht was? (Bekräftigung der Commitments)
- Was sind die nächsten Schritte?
- Gibt es einen Folgetermin, wenn ja, wann?

Wer soll das Gespräch zusammenfassen? Wenn Sie den Mitarbeiter zusammenfassen lassen, hat das einige Vorteile. Sie erfahren genau, was bei ihm angekommen ist. Und Sie unterstützen den Mitarbeiter, sich die Gesprächsergebnisse und die getroffenen Vereinbarungen zu vergegenwärtigen. Deshalb kann es gerade bei einem direktiven Gesprächsstil die bessere Wahl sein, den Mitarbeiter abschließen zu lassen.

Wenn Sie mit einem starken Mitarbeiter sprechen und aus dem Gesprächsverlauf alles sonnenklar ist, dann können Sie auch selber das Gespräch kurz und präzise zusammenfassen und den Mitarbeiter statt dessen fragen, wie er mit dem Gespräch zufrieden ist.

Wenn ein Mitarbeiter wenig Anlass zu der Hoffnung bietet, die Gesprächsergebnisse korrekt wieder zu geben, dann müssen Sie das selber erledigen. In diesem Fall nutzen Sie die Zusammenfassung vor allem, um die vom Mitarbeiter eingegangenen Handlungszusagen zu unterstreichen.

Vergessen Sie nie, sich für ein Mitarbeitergespräch zu bedanken. Wenn Ihnen das klar ist, lesen Sie bitte beim nächsten Abschnitt weiter. Müssen Sie sich bei jemandem bedanken, dem Sie bzw. Ihr Unternehmen jeden Monat ein gutes Gehalt bezahlen? Ist es nicht selbstverständlich, dass dieser Mensch Ihnen Rede und Antwort steht, wenn Sie das wünschen? Weit gefehlt! Durch die Erfindung des Geldes sind die Regeln des Anstands nicht außer Kraft gesetzt. Was das Geld betrifft, damit bezahlen Sie bzw. Ihre Firma körperliche Anwesenheit und stetes Bemühen, mehr nicht. Engagement kann man nicht kaufen! Wenn Sie wünschen, dass Ihre Mitarbeiter mit allen Lebensgeistern bei der Sache sind, sparen Sie nicht mit Dank dafür.

Dokumentation

Einige Gesprächsformate beinhalten eine förmliche Dokumentation. In allen anderen Fällen liegt es in Ihrer Initiative, ob und in welcher Form Sie das Gespräch dokumentieren wollen. Hier gilt: Wer schreibt, der bleibt! Doch wer Papier produziert, muss es verwalten. Zweckmäßiger Weise legen Sie sich eine Ablage zu, die für jeden Mitarbeiter ein Fach enthält. Dort können Sie Ihre Notizen zuverlässig verwahren und bei Bedarf schnell darauf zugreifen.

Gesprächssteuerung

Im laufenden Mitarbeitergespräch sind Sie gefordert, neben dem Gesprächsinhalt den Fortgang des Gesprächsprozesses im Auge zu behalten. Welche Ihrer Gesprächsziele wurden bereits erreicht, welche sind noch offen? Folgt das Gespräch dem vereinbarten Pfad, oder verlaufen Sie sich mit dem Mitarbeiter in den Details oder ganz anderen Themen? Bei Bedarf ist es an Ihnen, gezielt steuernd einzugreifen. Hierfür sind »gute« Fragen effektiv.

Dem Konzept der drei Gesprächsebenen folgend, unterscheiden wir zwischen

- Fragen, die der sachlichen Klärung dienen,
- Fragen zur Beziehungsklärung,
- Fragen zu Aktionen und Commitments.

Darüber hinaus werden wir noch einige Aspekte der mentalen Gesprächssteuerung betrachten.

Sachliche Klärung

Um zu guten Planungen und Entscheidungen zu kommen, benötigen Sie und Ihre Mitarbeiter eine gute Kenntnis der relevanten Tatsachen. Das ist oft nicht einfach. Details und Nebenwirkungen treten nicht immer offen zutage. Den Experten, die mit den Zusammenhängen vertraut sind, fällt es wiederum nicht leicht, sie in allgemeinverständlicher Form zu kommunizieren.

Beispiel: Mit hoher Wahrscheinlichkeit gehören Sie zu der großen Mehrheit der Bevölkerung, die in der Lage ist, ein Fahrrad zu fahren. Durch welche genauen Steuerungsimpulse gelingt es Ihnen, dass Sie nicht nach der einen oder der anderen Seite die Balance verlieren? Ganz besonders Bemerkenswert wäre, wenn Sie genau beschreiben können, wie Ihnen das in einer Kurve gelingt! Die sichere Beherrschung einer Aktivität beinhaltet nicht, dass man diese Fähigkeit auch erklären kann.

Sachliche Klarheit im Gespräch will erarbeitet sein. Ihnen als Führungskraft stehen dafür im Gespräch eine Anzahl von Steuerungsimpulsen zur Verfügung.

Fokus auf sachliche Klärung

Mit den folgenden Fragen lenken Sie das Gespräch auf die Sachebene:

- »Was ist genau geschehen?«
- »Woran haben Sie das bemerkt?«
- »Was haben Sie bisher unternommen bzw. erreicht?«

Unterscheidungen

Unterscheidungen sind ein guter Anfang, um sachlich Fuß zu fassen. Mit vergleichenden Fragen finden Sie den Einstieg:

- »Was ist der Unterschied zwischen A und B?«
- »Was kommt zuerst, X oder Y?«
- »Was ist schneller, Y oder Z?«

Ins Detail gehen (»Einzoomen«)

Der Teufel steckt im Detail, sagt das Sprichwort. Mit den folgenden Fragen können Sie »einzoomen«:

- »Wann fing das an?«
- »Wie oft ist es schon aufgetreten?«
- »Wie lange hat es gedauert?«
- »An welchem Ende haben Sie mit der Aufgabe begonnen?«
- »Wo genau ist dieser Ort / Raum?«
- »Welche Geräte haben Sie benutzt?«
- »Wer war daran beteiligt?«
- »Was war der Anlass für genau diese Vorgehensweise?«
- »Kennen Sie den Namen des (Kunden/Mitarbeiters/Patienten)?«
- »Was ist Ihnen noch aufgefallen in der Situation?«

Wenn Sie gezielt nach einzelnen Details fragen, ermuntern Sie den Mitarbeiter, Ihnen weitere Details zu nennen.

Den Überblick behalten (»Auszoomen«)

Wenn Ihnen die Diskussion zu detailliert wird, dann helfen Ihnen diese Fragen, im Gespräch den Überblick wieder zu finden:

- »Was hilft uns diese Diskussion, um Gesprächsziel XYZ zu erreichen?«
- »Was ist der große Zusammenhang, in den diese Details eingebettet sind?«
- »Angenommen, Sie hätten 90 Sekunden (oder 5 Minuten, je nach dem), um das Wichtigste dem Vorstand zu erklären. Auf welche Punkte würden Sie sich konzentrieren?«
- »Welche Faktoren bestimmen die betrachtete Situation maßgeblich?«

Generalisierungen auflösen

Häufig werden in der Alltagssprache Verallgemeinerungen benutzt, die einer Übertreibung oder Vernebelung des Sachverhalts gleichkommen.

Beispiele:

- »Immer sagst du Dicker zu mir!«
- »Das hat noch keiner geschafft.«
- »Das kann doch jeder.«

Generalisierungen sind leicht an den Adjektiven »immer«/»nie(mals)«, »keiner«/»jeder«, »nirgendwo«/»überall« oder anderen generalisierenden Ausdrücken zu erkennen, wie: »mit allen Mitteln«/ »ohne einen Finger zu rühren«.

Um den Sachverhalt zu klären, können Sie die Generalisierung mit Fragen der folgenden Art auflösen:

- »Wen genau meinen Sie mit „jeder" bzw. „keiner"?«
- »Wann ist das zum letzten Male vorgekommen?« (bei »immer« oder »nie«)
- »Was hat sie denn genau gemacht?« (»mit allen Mitteln«)

Tilgungen klären

Eine weitere Ungenauigkeit der Alltagssprache sind sogenannte Tilgungen:

- »Das macht man soundso« – Wer ist »man«?
- »Das ist jetzt modern.« - Wann begann »jetzt« und wie lange mag es dauern? Wer hat das so festgelegt?
- »Das hat sich erledigt.« – Wer hat was erledigt?

Die Verwendung von Tilgungen unterstellt dem Gesprächspartner unausgesprochen, dass er schon weiß, welche genaueren Tatsachen sich hinter der nachlässigen Sprechweise verbergen. Doch nichts ist leichter, als in dieser Weise aneinander vorbei zu reden. Die Worte »man«, »viele«, »manche« »andere«, »jetzt«, »früher« signalisieren Tilgungen, die sich mit Nachfragen auflösen lassen.

Unausgesprochenes Wissen

Manche Mitarbeiter finden Gefallen daran, mit dem unausgesprochenen Wissen ausdrücklich zu hantieren:

- »Sie wissen doch, wie so was passiert.«
- »Sie wissen schon, was ich meine.«
- »Es gibt Sachen, die braucht man nicht zu erklären.«

Tatsächlich haben Sie keine Ahnung, welche Vorstellung sich der Mitarbeiter in seinem Kopf macht, bevor Sie ihn nicht darüber haben sprechen hören. Zu glauben, dass es anders wäre, ist fahrlässig. Machen Sie also solche Spielchen nicht mit und haken Sie nach: »Was meinen Sie denn, was ich schon weiß?« Das kann zu unamüsierten Reaktionen führen, denn der Mitarbeiter hatte ja Gründe, sich so indirekt auszudrücken, etwa die Vermeidung eines Konflikts. Wenn es um ein Thema von Bedeutung geht, können Sie sich nicht mit Unausgesprochenem abspeisen lassen.

Interpretationen

In der Alltagssprache vermischen viele Mitarbeiter Zahlen, Daten, Fakten mit ihrer persönlichen Interpretation der Ereignisse. Signale für Interpretationen sind »weil«, »deshalb«, »man muss«, »man kann nicht«, »es ist besser / billiger«. Interpretationen sagen etwas über die Erfahrungen oder Ängste Ihrer Mitarbeiter und die »Landkarte«, die sie sich mit den Jahren von ihrem Tätigkeitsfeld angefertigt haben. Interpretation behaupten Schlussfolgerungen, die durch Sie nicht nachprüfbar sind. Ob an der Interpretation etwas dran ist, können Sie nur überprüfen, wenn Sie den Mitarbeiter dazu bringen, sie zu erläutern:

- »Was genau meinen Sie mit ….?«
- »Im Vergleich wozu ist das besser / billiger?«

Fehleranalyse

Wenn ein Mitarbeiter die Verantwortung für einen Fehler übernommen hat, ist der Weg frei für eine sachliche Fehleranalyse. Gute Fragen dafür sind:

- »Wie konnte es dazu kommen?«
- »Wie werden Sie das in Zukunft vermeiden?«

Vorsichtshalber wiederhole ich noch einmal die Voraussetzung dieser Fragen: Der Mitarbeiter hat eine Verantwortung für einen Fehler bereits anerkannt! Solange das nicht der Fall ist, sind diese Fragen nur Einladungen zum »Schwarze-Peter-Spielen« und sollten tunlichst vermieden werden.

Beziehungsklärung

Zur Beziehungsklärung gehört auch die Selbstwahrnehmung Ihres Gesprächspartners. Ferner kann es um die Führungsbeziehung zwischen Ihnen beiden gehen oder um die Beziehungen zu anderen Akteuren auf Ihrem gemeinsamen Tätigkeitsfeld.

Haltung und Motive

Welche persönlichen Motive, Werte und Ansichten über die Welt und die Menschen bestimmen das Verhalten des Mitarbeiters in der gegebenen Situation? Die folgenden Fragen können Ihnen helfen, die Persönlichkeit des Mitarbeiters besser zu verstehen:

- »Was ist Ihnen bei der Angelegenheit persönlich wichtig?«
- »Was wollen Sie mit dem gewählten Vorgehen erreichen?«
- »Woran orientieren Sie sich bei Ihrer Arbeit als XYZ?«
- »Was motiviert Sie, morgens aufzustehen und zur Arbeit zu gehen?«

Führungsbeziehung klären

Eine gelingende Führungsbeziehung beginnt bei wechselseitig akzeptierten, realistischen Erwartungen. Es gilt, Erwartungen konkret abzuklären und wenn erforderlich, zu korrigieren. Die folgenden Fragen helfen Ihnen:

- »Was erwarten Sie von mir in diesem Zusammenhang?«
- »Was kann ich in dieser Sache von Ihnen erwarten?«

- »Mir ist wichtig, dass Sie ABC sicherstellen und bei Schwierigkeiten nicht locker lassen. Kann ich mich da uneingeschränkt auf Sie verlassen?«
- »Es ist gut, dass Sie das eingesehen haben. Die Sache ist damit für mich abgeschlossen. Ich gehe davon aus, dass wir uns über dieses Thema nicht wieder unterhalten müssen!«

Beziehung zu Dritten reflektieren

Die Sachverhalte und Aktionen, über die Sie mit dem Mitarbeiter sprechen, betreffen weitere Mitarbeiter, Kunden, Patienten und sonstige Akteure. Häufig besitzen Sie hier den besseren Überblick und ein aktives Interesse daran, »diplomatische Verwicklungen« zu vermeiden. Schon deshalb sind Sie genötigt, den Mitarbeiter zu einem reflektierten Vorgehen anzuleiten. Die folgenden Fragen können Ihnen dabei nutzen:

- »Was bedeutet das von Ihnen vorgeschlagene Vorgehen für den Kunden / bestimmte Mitarbeiter / die Nachbarabteilung / den Lieferanten?«
- »Wie gehen Sie mit möglicher Kritik von XYZ um?«
- »Was werden Sie dem Kunden sagen?«
- »Wie werden Ihre Kollegen das aufnehmen?«

Aktionen und Commitments

In der Aktionsplanung geht es um Ziele und Maßnahmen. In einem dialogischen Gespräch werden die Ziele in einem partiell ergebnisoffenen Dialog ermittelt. Wenn das Gespräch einen direktiven Charakter annimmt, werden Sie die Ziele und oft sogar die Maßnahmen vorgeben.

Zielklärung

Ein Ziel ist gekennzeichnet durch seinen Inhalt, eine spezifische Quantität und Qualität sowie einen Zeitpunkt. Die Art der Fragen ist damit klar:

- »Was ist Ihr Ziel?«
- »Bis wann wollen Sie das erreichen?«
- »In welcher Qualität wollen Sie das Produkt ausliefern?«
- »Wie viel Umsatz wollen Sie auf diese Weise erzielen?«
- »Werden Sie das Ziel trotz der aufgetretenen Schwierigkeiten noch erreichen?«

Maßnahmenplanung

Maßnahmen dienen der Erreichung eines Ziels. Wenn die geplanten Maßnahmen sich als unzureichend zur Zielerreichung erweisen, ist es erforderlich den Maßnahmenplan zu überarbeiten. Häufig ist bei der Umsetzung der Maßnahmen die Mitwirkung von Dritten erforderlich. Mit folgenden Fragen steuern sie die Diskussion auf die erforderlichen Maßnahmen zu:

- »Welche Aktionen planen Sie?«
- »Wie wollen Sie vorgehen?«
- »Wie werden Sie sicherstellen, in diesem kurzen Zeitraum und bei den hohen Qualitätsanforderungen eine ausreichende Menge von XYZ zu liefern?«
- »Mit welchen Aktionen werden Sie auf die neue Situation reagieren?«
- »Wie werden Sie trotz aller Schwierigkeiten die Zielerreichung sicherstellen?«
- »Wessen Unterstützung benötigen Sie?«
- »Wer kann Ihnen dabei helfen?«
- »Welche Unterstützung benötigen Sie von mir?«

Mentale Blockaden überwinden

Der Erfolg eines Mitarbeitergesprächs wird von den mentalen Ressourcen beeinflusst, die der Mitarbeiter im Gesprächsverlauf mobilisieren kann. Manchmal sind Mitarbeiter blockiert. Es geht hier nicht um pathologische Zustände. Menschen sind schon mal in bestimmten einseitigen Wahrnehmungsmustern gefangen, die ihre Handlungsfähigkeit einschränken. Ein solcher Zustand kann vorübergehend sein oder permanent. Dazu seien einige häufige Muster aufgezählt:

Realismusfalle

Berufserfahrene Kräfte, die schon manche Herausforderung gemeistert haben, sind sich ihrer Fähigkeiten bewusst. Im Rahmen ihres Erfahrungshorizonts können sie genau beurteilen, was »realistisch« machbar ist und wie man es anpacken muss. Doch jenseits der sicheren Grenzen ihrer Handlungskompetenz liegt für manche das »Das geht nicht«-Land. »Das geht nicht« bedeutet: »Mit den mir verfügbaren Handlungsmodellen wird es nicht gehen«. Es ist also die Suche nach einer Lösung außerhalb der Komfortzone der eigenen gesicherten

Handlungskompetenz erforderlich. Das ist für manche Mitarbeiter ungewohnt und beängstigend. Mit dem Verdikt »unrealistisch« versuchen sie, die unbequeme Anforderung ohne ernsthafte Anstrengungen abzuschütteln.

Vergangenheitsfixierung

Arbeitsaufgaben und –beziehungen werden durch die Brille der Vergangenheit wahrgenommen: »Ich bin hier vor 20 Jahren als XY eingestellt worden, und nun soll ich ABC machen«. Unternehmen, Märkte und Technologien wandeln sich und mit ihnen wandeln sich die Unternehmensorganisation und die Arbeitsaufgaben. Um den Weg mitzugehen, müssen Mitarbeiter sich immer wieder neu wandelnden Anforderungen stellen. Das kann mit Schwierigkeiten und Ängsten verbunden sein. Professionelle Führungskräfte begleiten den Prozess aktiv. Neben und ergänzend zu dem offiziellen Arbeitsvertrag gibt es stets einen »informellen Arbeitsvertrag«. Er besteht aus den wechselseitigen Erwartungen zwischen Mitarbeiter und Unternehmen, deren Erfüllung man sich in Aussicht gestellt hatte. Der informelle Arbeitsvertrag wird im Gespräch zwischen Führungskraft und Mitarbeiter laufend fortgeschrieben. Wird dies über längere Zeit versäumt, kann sich eine vergangenheitsbezogene Sicht verfestigen. In dem Fall führt kein Weg an einer behutsamen, aber bestimmten Konfrontation des Mitarbeiters mit den Anforderungen der heutigen Welt vorbei.

Die Anderen sind für eine Lösung verantwortlich

Nach Ansicht des Mitarbeiters muss ein bestimmter anderer Jemand etwas tun, um das Problem zu lösen. Solange dies nicht geschieht, ist die eigene Untätigkeit oder Unbeweglichkeit angeblich gerechtfertigt. Diese Wahrnehmung ist oft in eskalierten Konflikten bei beiden Parteien anzutreffen. Der Tunnelblick auf die vermeintliche Verantwortung der Anderen versperrt die Wahrnehmung eigener konstruktiver Handlungsmöglichkeiten.

Die Anderen sind Schuld

Im Unterschied zum vorherigen Muster ist jede produktive Lösung aus dem Blickfeld verschwunden und die Aufmerksamkeit konzentriert sich auf die »Schuldfrage«. Die damit verbundene Erwartung an den Chef ist die »Bestrafung« der vermeintlich Schuldigen. Die das verlangen, sind meist selbst Teil des Problems und fürchten insgeheim, selber zur Verantwortung gezogen zu werden.

Selbstmitleid

»Erst mussten wir die Aufgabe AB übernehmen, dann hat man uns die Ressourcen CD und EF entzogen, und nun sollen wir auch noch GH mit erledigen « – so ähnlich klingt Selbstmitleid. Und was ist, wenn die Klagen berechtigt sind? Machen Sie sich am besten selbst ein Bild aus nächster Nähe. Viele Klagen, ohne zu leiden. Und die, die wirklich leiden, haben wenig Zeit zum Klagen.

Handlungsoptionen

Einige der oben angesprochenen Muster werden Sie gewiss wiedererkennen. Wie gehen Sie im Gespräch damit um, wenn sich ein Mitarbeiter als mental blockiert erweist? Vier miteinander kombinierbare Handlungsoptionen kann ich Ihnen anbieten:

Handlungsoption 1 – Auf Zeit spielen

Jeder steht mal mit dem falschen Bein auf! Wenn Sie den Mitarbeiter heute nicht auf der richtigen Frequenz erwischen und Ihr Anliegen noch Zeit hat, können Sie ihn für heute laufen lassen und in Kürze noch mal zum Gespräch bitten, um das Thema auf den Punkt zu bringen. Mit etwas Glück hat sich der Kollegen schon selber eines Besseren besonnen. Zu solcher Hoffnung geben gut motivierte Mitarbeiter Anlass. Von unzureichend motivierten Mitarbeitern wird dieses Verhalten meist als Duldung interpretiert. Der Zeitfaktor wirkt dann gegen Sie.

Handlungsoption 2 – Mit Empathie führen

Zeigen Sie zunächst Empathie für die Emotionen des Mitarbeiters. Wenn sie mit dem Mitarbeiter auf der gleichen Frequenz schwingen, führen Sie ihn mit einem Impuls aus dem blockierten Mentalzustand zurück in die Wirklichkeit. »Herr XY, wenn ich Ihnen zuhöre, dann kann ich mir schon vorstellen, wie sich das angefühlt hat. Und nun auch noch… (Selbstmitleid, Die anderen sind Schuld)… Aber ich sage Ihnen, so ist das Leben. Nachkarten bringt nichts. Wir können uns beklagen oder nicht, Sie und ich müssen jetzt unseren Job tun, als wäre nichts gewesen. Und es ist ja auch ganz gut so, dass es noch Leute gibt, die dazu in der Lage sind, nicht wahr?«

Der Deal ist klar: Sie genehmigen dem Mitarbeiter ein kurzes Bad in jenen Emotionen, die er so angenehm zu finden scheint, und dann geht es zurück an die Arbeit! In der Mehrzahl der Fälle wird ein Mitarbeiter, wenn er sich von Ihnen verstanden fühlt, Ihrem Führungsimpuls bereitwillig Folge leisten. Sobald der Mitarbeiter dies zu erkennen gibt, spenden Sie ihm umgehend großzügige Anerkennung für seine verantwortungsvolle Haltung! »Ich wusste, dass ich mich auf Sie verlassen kann. Ich bin froh, in Ihnen einen so verantwortungsvollen Mitstreiter zu haben!«

Ist es nicht riskant, dem Mitarbeiter in seiner Blockade so weit entgegen zu kommen? Das Risiko besteht vor allem darin, dass Sie selber sich von den Gefühlen des Mitarbeiters vereinnahmen lassen und anschließend den erforderlichen Führungsimpuls vergessen. Dann wäre der Mitarbeiter in seiner blockierten Haltung bestärkt. Sie müssen also in der Lage sein, die Gefühle des Mitarbeiters, mit Respekt und Empathie zu beantworten, ohne sich davon überwältigen zu lassen. Wenn Sie nie einen Zweifel daran lassen, dass letzten Endes der Job getan werden muss, können Sie dem mental blockierten Mitarbeiter weit entgegen kommen. Anschließend führen Sie ihn zurück auf den Pfad der Tugend. Für vieles Verständnis zu haben, heißt noch lange nicht, die Zügel schleifen zu lassen!

Diese Option ist die effektivste und effizienteste. Geräuschlos und ohne Murren geht der eben noch blockierte Mitarbeiter nach der Aussprache wieder seinen Aufgaben nach. Das ist wahre Führung! Allerdings ist souveränes Können seitens der Führungskraft erforderlich. Wenn diese Option für Sie Neuland ist, bereiten Sie sich bitte sorgfältig vor!

Handlungsoption 3 – Bewegung lockert

Wenn Ihr Gesprächspartner komplett blockiert ist, dann kann etwas Bewegung helfen. Gehen Sie zusammen in die Teeküche oder zum Mittagessen, oder wechseln Sie unter einem Vorwand den Raum oder einfach nur die Sitzordnung. Eine Veränderung der Anordnung der menschlichen Körper im Raum bringt Bewegung in die geistige Beziehung. Und Bewegung ist das, was Sie brauchen, um eine Blockade zu lösen!

Handlungsoption 4 – Druck machen

Wenn es ganz schnell gehen muss oder Option 2 und 3 nicht funktionieren oder Ihre Geduld mit diesem Mitarbeiter bereits bei anderer Gelegenheit aufgezehrt wurde, dann können Sie Druck machen. Druck ist legitim, wenn es sich um wichtige oder dringende Dinge handelt. Druck kann sehr effektiv sein, um kurzzeitig mentale Barrieren zu durchbrechen und verstärkte, zielgerichtete Anstrengungen auszulösen.

Gerade deshalb ist ein Hinweis auf die Nebenwirkungen angebracht: Der optimale Anforderungsdruck, der Menschen in einen produktiven Zustand versetzt, ist individuell verschieden. Manche kommen unter hohem Druck erst richtig in Fahrt und andere melden sich sofort krank. Wenn der Druck über den individuellen Optimalbereich ansteigt, führt dies zunächst zu verstärkten Anstrengungen und zur Mobilisierung von Reserven. Dieser Zustand kann kurzzeitig sehr effektiv sein, ist aber nicht nachhaltig. Wird das hohe Druckniveau weiter gesteigert oder über längere Zeit aufrechterhalten, lässt die Anspannung unvermeidlich nach und es kommt zur mentalen Kapitulation des Mitarbeiters. Er wird dann nicht mehr versuchen, den als unerfüllbar erlebten Anforderungen gerecht zu werden, sondern sich darauf konzentrieren, die Situation irgendwie durchzustehen. Über die Auswege, die Mitarbeiter in einer solchen Situation ersinnen, wollen wir hier gar nicht nachdenken. Es reicht festzustellen, dass ein solcher Zustand nicht produktiv ist. Auch für die Führungsbeziehung ist nachhaltiger Schaden zu befürchten. Ihr »Druckkapital« ist also, realistisch betrachtet, begrenzt. Sie müssen sich einteilen, wann Sie es gezielt investieren. Wenn Sie Option 2 einsetzen, sparen Sie Ihr »Druckkapital« für die wenigen, wirklich wichtigen oder dringenden Fälle!

Druck gekonnt einsetzen

Wie machen Sie Druck? Was wichtig ist und dringend, hat etwas mit dem Auftrag Ihrer Organisationseinheit zu tun. Zeigen Sie dem Mitarbeiter auf, wieso es erforderlich ist, dass bestimmte Dinge in vorgegebenen Zeiträumen bzw. einer unabdingbaren Qualität getan werden müssen. Der Druck kommt letzten Endes nicht von Ihnen, sondern wird von den berechtigten Anforderungen Dritter ausgelöst. Sie müssen auch deutlich machen, dass Sie gerade von diesem Kollegen erwarten, sich der Herausforderung zu stellen. Neben der sachlichen Bedeutung der Anforderungen können Sie durch Ihren Tonfall und die Wahl Ihrer Worte zusätzlich emotionalen Druck aufbauen. Wie viel Druck hilft diesem Kollegen jetzt, ganz schnell das Erforderliche zu tun? Wie viel Druck verträgt er, ohne darunter weg zu knicken? Diese Frage müssen Sie individuell beantworten. Das Ziel ist, die mentale Blockade hier und jetzt zu durchbrechen. Sobald der Mitarbeiter einlenkt, nehmen Sie den Druck raus. Bestärken Sie ihn sofort durch positiven Zuspruch (»Ich wusste, dass ich auf Sie zählen kann.«/ »Ich bin sicher, Sie werden das gut erledigen.«). Im Nachgang finden Sie nochmals einen Anlass, die beobachtete Verhaltensänderung deutlich anzuerkennen und damit zu festigen.

Kurzanleitung für 32 verschiedene Arten von Mitarbeitergesprächen

In diesem Abschnitt finden Sie Kurzanleitungen zu 32 verschiedenen Gesprächsanlässen. Die Gesprächsanlässe sind alphabetisch sortiert und sollen Sie beim gezielten Nachschlagen vor anstehenden Gesprächen unterstützen. Die einzelnen Kurzbeschreibungen gliedern sich immer in folgende Punkte:

Anlass

Wann kommt dieses Gesprächsformat vor bzw. wann ist es angemessen?

Voraussetzung

Welche Voraussetzungen sollten vorliegen bzw. sind durch Ihre Vorbereitungen herzustellen, damit dieses Gesprächsformat zu einem guten Ergebnis führen kann?

Ziele

Was sind die Ziele des Gesprächsprozesses mit dem Mitarbeiter, die Sie mit diesem und eventuell weitere Gesprächen verfolgen? Was sind die konkreten Einzelziele für dieses Gespräch?

Herausforderung

Worin besteht die Herausforderung für die Führungskraft bei diesem Gesprächsformat?

Vorgehensweise

Wie gehen Sie in diesem Gespräch genau vor?

Zu erwartende Einwände

Mit welchen Einwänden (und Ausreden) können Sie bei diesem Gesprächsformat häufig rechnen?

Gute Fragen

Welche Fragen helfen Ihnen, das Gespräch erfolgreich zu steuern?

Dauer

Wie lange darf ein solches Gespräch typischer Weise dauern?

Abschluss

Was ist wichtig beim Gesprächsabschluss?

Dokumentation

Wie wird das Gespräch dokumentiert?

Abmahnung

Anlass

Auf Grund aktueller Vorkommnisse beabsichtigen Sie, eine Abmahnung auszusprechen, als letzte Warnung an den Mitarbeiter vor einer Kündigung.

Voraussetzung

1. Der veranlassende Vorgang ist aktuell und sachlich geklärt. Den Abgemahnten haben Sie zu den Kritikpunkten angehört.
2. Die Abmahnung ist angemessen. Wenn Sie sich nicht sicher sind, konsultieren Sie die Personalabteilung oder einen Arbeitsrechtler.
3. Die Abmahnung liegt schriftlich vor und enthält präzise Angaben zu dem beanstandeten, zu ändernden Verhalten. Pro beanstandeter Verhaltensweise bedarf es eines jeweils separaten Abmahnungsschreibens. Das Schreiben enthält eine unmissverständliche Androhung der Beendigung des Arbeitsverhältnisses bei Wiederholung des Verhaltens. Wenn Sie sich nicht sicher sind, konsultieren Sie die Personalabteilung oder einen Arbeitsrechtler.
4. Sie sind entschlossen, den Mitarbeiter bei Wiederholung des abgemahnten Verhaltens zu kündigen. Andernfalls sollten Sie besser erst mal eine *Ermahnung* aussprechen.

Ziele

Ziel des Abmahnungsgesprächs ist es, das Abmahnungsschreiben zu übergeben und sich vom Empfänger quittieren zu lassen.

Herausforderung

Die Strenge der Maßnahme auch emotional und körpersprachlich wohldosiert zu vertreten und zugleich offen zu bleiben für die angestrebte Verhaltensänderung des Mitarbeiters.

Vorgehensweise

Sprechen Sie die Abmahnung aus, übergeben Sie dem Mitarbeiter das Schreiben und lassen Sie sich den Empfang auf einer Kopie quittieren. Bringen Sie Ihre

Hoffnung zum Ausdruck, dass der Mitarbeiter die Abmahnung zum Anlass nimmt, sein Verhalten zu ändern.

Geben Sie dem Mitarbeiter Gelegenheit, Einsicht zu zeigen. Das ist bekanntlich der erste Schritt zur Besserung.

Zu erwartende Einwände

Manchmal versucht der Abgemahnte, nochmals in die Diskussion einzusteigen. Lassen Sie das nicht zu, eine Abmahnung wird nicht mehr diskutiert.

Es kann auch zu emotionalen Reaktionen kommen.

Gute Fragen

Wenn der Abgemahnte eine ablehnende Haltung einnimmt, erübrigen sich Fragen. Andernfalls können Sie ihm Gelegenheit geben, Einsicht zu signalisieren:

- »Haben Sie sich denn die ganze Angelegenheit noch mal durch den Kopf gehen lassen?«
- »Wenn das heute nochmal passieren würde, wie würden Sie sich verhalten?«

Dauer

Ein Abmahnungsgespräch ist sehr kurz. Es gibt nichts mehr zu diskutieren.

Abschluss

Beenden Sie das Gespräch höflich und sachlich:

»Ich hoffe Sie wissen jetzt, was auf dem Spiel steht. Es liegt an Ihnen, die Voraussetzungen einer weiteren Zusammenarbeit wieder herzustellen.«

Wenn der Mitarbeiter Ihnen wichtig ist, fügen Sie hinzu: »Ich wünsche mir, dass Sie die Abmahnung zum Anlass nehmen, Ihr Verhalten zu ändern. Ich schätze Ihre Leistung und würde gerne weiter mit Ihnen arbeiten.«

Falls der Mitarbeiter bereits Einsicht gezeigt hat, bestärken Sie ihn darin: »Ich bin erleichtert über Ihre Einsicht. Das macht mich zuversichtlich, dass wir in der Zukunft wieder erfolgreich zusammen arbeiten werden. «

Dokumentation

Wenn der Mitarbeiter die Abmahnung gegengezeichnet hat, ist die Dokumentation komplett.

Abstimmung (einmalig)

Anlass

Sie oder der Mitarbeiter haben um das Gespräch gebeten, um das beabsichtigte Vorgehen des Mitarbeiters gegenüber Dritten mit Ihren Plänen abzugleichen.

Voraussetzung

Die notwendigen Sachinformationen liegen vor. Sie sind vorbereitet und haben auch den Mitarbeiter um Vorbereitung gebeten.

Ziele

Es geht darum, das Vorgehen des Mitarbeiters und Ihre Absichten und Aktionen auf ein bestimmtes Ziel hin rollenadäquat abzustimmen. Klären Sie Ihre konkreten Gesprächsziele mit Hilfe der »Drei Ebenen«:

Sachebene: Welche Informationen wollen Sie mit dem Mitarbeiter austauschen?

Beziehungsebene: Welche Beziehungen sind im Zusammenhang des Gesprächs bedeutsam? Welche Beziehungsaspekte möchten Sie mit dem Mitarbeiter klären? Auf welche Aspekte wollen Sie ihn aufmerksam machen?

Aktionsebene: Welche Aktionen erwarten Sie von dem Mitarbeiter? In welcher Weise sind Sie bereit ihn dabei zu unterstützen?

Herausforderung

Eine verbindliche Rollenverteilung vereinbaren, die dem Mitarbeiter einen initiativen und verantwortlichen Part zuweist und Ihnen die Gesamtsteuerung ermöglicht.

Vorgehensweise

Im Zusammenspiel zwischen Ihnen und Ihren Mitarbeitern gegenüber Dritten, z.B. Kunden, einer Nachbarabteilung oder einem Lieferanten, gibt es eine Grundregel: Die Mitarbeiter sind dafür zuständig, die Partner zu fordern und im Konfliktfall die Interessen Ihres Bereichs zu vertreten. Wenn es angebracht scheint, den Partnern entgegenzukommen, dann ist es dagegen Ihre Entscheidung, Zugeständnisse zu machen und Ihre Mitarbeiter entsprechend zu bremsen. Im Erleben Ihrer Partner sind Ihre Mitarbeiter kompetent, aber fordernd. Und Sie sind ein Mensch, der gut zuhört und mit dem man sich verständigen kann. So fühlt es sich an, mit einem kompetent geführten Bereich zusammenzuarbeiten. Wenn Sie von dieser Rollenverteilung noch nie gehört haben, denken Sie erstmal darüber nach. Ein solches Umgehen mit der hierarchischen Rollenverteilung erschließt Ihnen und Ihren Mitarbeitern Beweglichkeit in der Kooperation mit Ihren Partnern.

Um so agieren zu können, brauchen Sie ein gemeinsames Verständnis der Rollenverteilung mit Ihren Mitarbeitern. Für nichtsahnende Mitarbeiter kann es frustrierend sein, von Ihnen in ihren vermeintlich berechtigten Forderungen »ausgebremst« zu werden. Besonders dann, wenn »die andere Seite« dies mitbekommt. Auch der »ausgebremste« Mitarbeiter hat einen wichtigen Beitrag geleistet. Er hat eine Anforderung an den Partner ausgelotet. Dafür hat er Anerkennung verdient. Nach Abwägung der Einwände des Partners und der Umstände mag sich herausstellen, dass Sie diesmal auf einige Anforderungen an den Partner verzichten können. Das ist ein viel solideres Ergebnis, als wenn Ihre Mitarbeiter den Partnern von vornherein jedes Zugeständnis bereitwillig in Aussicht stellen.

Wenn Sie sich mit Ihren Mitarbeitern auf eine solche Rollenverteilung verständigen können, dann wird das die Anzahl der Abstimmungsprobleme reduzieren.

Für den Gesprächsverlauf können Sie den »drei Ebenen« folgen: Erst die Sachaspekte austauschen, dann die Beziehungsaspekte klären, z.B. Konfliktthemen mit Dritten, und abschließend die geeigneten Aktionen abstimmen.

Mit einem fähigen, motivierten Mitarbeiter führen Sie das Gespräch in dialogischem Gesprächsstil. Stellen Sie offene Fragen und lassen Sie den Mitarbeiter seine Wahrnehmungen und Ideen darlegen. Mit schwächeren Mitarbeitern müssen Sie das Gespräch direktiv steuern und auf Resultate drängen.

Zu erwartende Einwände

Sind bei diesem Gespräch Einwände gegen Ihre konkreten Gesprächsziele zu erwarten? Wenn ja, welche?

Es kann zu Rückdelegationsversuchen kommen:

- »Können Sie das nicht machen? Sie können das doch so gut dem Kunden erklären!«

- »Die wirklich wichtigen Gespräche mit dem Kunden sind doch Chefsache!«

Rückdelegation ist nicht schwierig zu kontern, wenn man sie rechtzeitig bemerkt: »Herr XY, das ist Ihr Job und Sie sind doch kein Anfänger mehr. Außerdem sind Sie mit den Projektdetails bestens vertraut. Und im Übrigen, wenn ich Ihren Job mache, wer macht dann in der Zeit meinen?« Das waren jetzt vier Argumente zur Auswahl für Sie. Jedes können Sie noch etwas ausschmücken.

Umgekehrt kann es auch zu Selbstüberschätzung kommen: »Ich bekomm das schon hin, lassen Sie mich nur machen!«

Gute Fragen

Ein paar mögliche Fragen für das Abstimmgespräch:

- »Würden Sie mich bitte zu Beginn des Gesprächs auf den letzten Stand bringen? Dabei liegt mir besonders daran, den Aspekt XYZ zu verstehen.«
- »ABC habe ich noch nicht richtig verstanden. Können Sie mir das bitte noch etwas detaillierter erklären?«
- »Welche Informationen benötigen Sie Ihrerseits noch von mir?«
- »Welche Reaktion erwarten Sie denn auf Ihren Vorschlag von GHJ?«
- »Wie werden Sie vorgehen?«
- »Wie werden Sie reagieren, wenn BCD eintritt?«
- »Was planen Sie als nächsten Schritt?«
- »Benötigen Sie Unterstützung von mir?«

Dauer

Abhängig vom Anlass, zwischen 15 und 60 Minuten.

Abschluss

Lassen Sie den Mitarbeiter wichtige gemeinsame Erkenntnisse und die getroffenen Vereinbarungen abschließend zusammenfassen. Unterstützen Sie ihn dabei.

Wenn ein Mitarbeiter komplett überfordert oder unmotiviert sein sollte, übernehmen Sie die Zusammenfassung und bei Bedarf auch die Dokumentation. Dann weisen Sie dem Mitarbeiter eine andere neue Aufgabe zu. Niemand soll einen Vorteil daraus ziehen, Sie nicht optimal zu unterstützen!

Dokumentation

Je nach Kontext und Wichtigkeit, bitten Sie den Mitarbeiter, die Resultate noch mal per Email zu dokumentieren.

Anerkennung

Anlass

Einem Mitarbeiter ist eine sehr gute Leistung gelungen oder er konnte sein Leistungsvermögen durch gezielte Anstrengungen verbessern. Jeder der beiden Anlässe ist für sich hinreichend für eine Anerkennung. Es ist auch nicht erforderlich, dass der betreffende Mitarbeiter immer eine sehr gute Leistung erbringt, oder Ihnen gegenüber besonders freundlich oder umgänglich auftritt. Auch Mitarbeiter, die in Leistung und Auftreten noch zulegen können, werden durch eine ehrliche Anerkennung positiv beeinflusst.

Voraussetzung

Eine Anerkennung funktioniert nur, wenn Sie persönlich innerlich dahinter stehen.

Wenn Sie mit den im vorherigen Abschnitt genannten Anlässen ein Verständnisproblem haben, dann sollten Sie sich damit auseinandersetzen. Manche Chefs glauben, Anerkennung sei eine Nettigkeit oder Gunst, die sie dem Mitarbeiter erweisen. Für Nettigkeiten ist aber keine Zeit und eine Gunst muss sich der Mitarbeiter vermeintlich durch allgemeines Wohlverhalten verdienen. Doch wer als Führungskraft mit Anerkennung von Leistung und Erfolg unnötig geizt, beschränkt sich vor allem selber in seinen Wirkungsmitteln.

Ziele

Ziel ist es, die Leistung und den erzielten Erfolg des Mitarbeiters zu würdigen. Der Mitarbeiter soll seine eigene Fähigkeiten erkennen und soll erfahren, dass Sie diese bemerken und wertschätzen.

Herausforderung

1. Den Anlass für die Anerkennung erkennen und nutzen.
2. Das Gespräch tief genug ins Detail führen.
3. Die Anerkennung innerlich als legitimes Gesprächsthema akzeptieren und nicht mit anderen Themen und Arbeitsaufträgen vermischen.

Vorgehensweise

Im Anerkennungsgespräch geht es nicht nur um den Erfolg als solchen. Es gilt, die erfolgreiche Vorgehensweise im Detail zu würdigen. Maßgeblich für den Detaillierungsgrad sind das Erleben und die konkreten Handlungen Mitarbeiters. Im Gespräch laufen Sie gedanklich gemeinsam mit ihm den Weg ab, der ihn zum Erfolg geführt hat. Wenn dem Mitarbeiter genau präsent ist, wie er es geschafft hat, ist der richtige Zeitpunkt, Ihre Anerkennung und Freude auszudrücken!. Zeigen Sie ihm die Bedeutung seiner Leistung bzw. seiner Fortschritte für das Unternehmen auf und bestärken ihn, auf dem Weg fortzufahren. Danach ist es Zeit für den Gesprächsabschluss. Vermeiden Sie es unbedingt, die Anerkennung mit neuen Aufträgen zu verbinden (»Zeigen Sie den Kollegen mal, wie das geht…«). Eine Anerkennung ist eine Anerkennung und sonst nichts.

Zu erwartende Einwände

Es kommt vor, dass dem Mitarbeiter nicht klar ist, welchen Erfolg er erzielt hat. Es mag daran liegen, dass er die üblichen Standards oder die Situation Ihrer Organisation falsch einschätzt. Zum Beispiel ist Anfängern oft nicht bekannt, dass Profis auch mit Wasser kochen. In so einem Fall ist es an Ihnen, die Maßstäbe zu ordnen.

Es gibt Mitarbeiter, die können Anerkennung nicht gut vertragen. In dem Fall sagen Sie dem Mitarbeiter: »Ich verstehe das zwar nicht, aber ich will Ihre Abneigung gegen verdiente Anerkennung respektieren. Ich werde mich also emotional absichtlich nüchtern ausdrücken. Trotzdem ist es mir wichtig, dass wir über den Erfolg sprechen, den Sie erzielt haben. Denn ich finde das bemerkenswert und möchte Sie auf diesem Weg bestärken.« Und dann verfahren Sie genauso wie sonst, aber betont »nüchtern«.

Manche Mitarbeiter sind kurz angebunden, wenn es gilt, ihre eigenen Erfolge zu schildern. Es ist dann Ihre Aufgabe, durch hartnäckiges Fragen das Gespräch auf die Detailebene zu führen. So helfen Sie zurückhaltenden Kollegen, Ihnen die erfolgreiche Vorgehensweise genau zu schildern.

Gute Fragen

- »Wie genau ist Ihnen das gelungen?«
- »Was hat Sie bewogen, sich für dieses letztlich erfolgreiche Vorgehen zu entscheiden?«

- »Wie hat denn der Kunde auf Ihren Vorschlag reagiert?«
- »Woran haben Sie gemerkt, dass Sie ins Schwarze getroffen hatten?«
- »Gab es dabei auch einen schwierigen Moment, den Sie zu überwinden hatten?«

Ausgehend von dem konkreten Anlass des Anerkennungsgesprächs fallen Ihnen gewiss zahlreiche Fragen dieser Art ein!

Dauer

Ein Anerkennungsgespräch dauert zwischen 10 und 30 Minuten, je nach Umfang und Komplexitätsgrad des anzuerkennenden Erfolgs.

Abschluss

Zum Abschluss bedanken Sie sich für das interessante Gespräch. Betonen Sie nochmals Ihre Freude über den errungenen Erfolg und wünschen dem Mitarbeiter Glück und Erfolg auf dem weiteren Weg.

Dokumentation

Machen Sie sich eine Notiz für Ihre nächste Beurteilung dieses Mitarbeiters.

Anleitung

Anlass

Der Mitarbeiter zeigt sich einem bestimmten Bereich seiner Tätigkeit nicht gewachsen und benötigt konkrete Anleitung. Es kann sich um einen Anfänger handeln, oder um einen erfahrenen Mitarbeitern mit bestimmten Defiziten. Auch veränderte Aufgaben oder Rahmenbedingungen geben Anlass zur Anleitung.

Voraussetzung

Voraussetzung für eine erfolgreiche Anleitung ist eine positive Lernmotivation des Mitarbeiters. Sie selber benötigen eine genaue Vorstellung, wie der anstehende Lernprozess in kleinen Schritten absolviert werden kann.

Ziele

Erstes Gesprächsziel ist es, den genauen Stand der betreffenden Kenntnisse und Fähigkeiten des Mitarbeiters festzustellen. Darauf aufbauend identifizieren Sie konkrete, kleinschrittige Lernziele und vereinbaren die passenden Lernaktivitäten.

Herausforderung

Sie müssen die anzueignende Aufgabe aus der Sicht des unwissenden Mitarbeiters in kleine, erlernbare Schritte zerlegen, ihn beharrlich fordern und ausreichend Geduld mitbringen.

Vorgehensweise

Befragen Sie den Kollegen zu seinen einschlägigen Kenntnissen und Fähigkeiten und seinen Vorstellungen zu dem anstehenden Lernprozess. Soweit möglich, gehen Sie im Weiteren darauf ein. Die Führung liegt aber bei Ihnen, denn im Unterschied zu dem Mitarbeiter wissen Sie, wo es hin gehen soll. Aufbauend auf dem aktuellen Kenntnisstand vereinbaren Sie konkrete, kleinschrittige Lernziele und zugehörige Lernaktivitäten. Dafür können weitere Personen eingebunden werden. Vereinbaren Sie auch, wie Sie über den Lernfortschritt, für den weiterhin der Mitarbeiter verantwortlich ist, unterrichtet werden. Dieses Vorgehen ermöglicht schnelle Lernerfolge, die für Sie und den Mitarbeiter erfahrbar sind und Ihnen häufige Anlässe für Anerkennung geben werden, mit der Sie den Lernprozess unterstützen.

Gute Fragen

- »Was wissen Sie über <das fragliche Fachgebiet>«
- »Haben Sie mit dieser Vorgehensweise schon eigene Erfahrungen gewonnen?«
- »Was war Ihr bisher erfolgreichster Einsatz dieser Technik?«
- »Ist Ihnen das besprochene Lernziel klar? Können Sie das bitte noch einmal in eigenen Worten wiedergeben?«

Dauer

Das Gespräch dauert je nach Komplexität 15 bis 30 Minuten, zuzüglich gegebenenfalls der fachlichen Unterweisung.

Abschluss

Lassen Sie den Kollegen die Ergebnisse und Vereinbarungen zusammenfassen und bedanken Sie sich für das Gespräch.

Dokumentation

Erstellen Sie sich eine Notiz.

Anweisung

Anlass

Ein Mitarbeiter führt zu seinem Aufgabenbereich zählende Aktivitäten derzeit nicht in der vorgesehenen Weise durch und hat sich auch für entsprechende Hinweise als unzugänglich erwiesen. Hintergrund können Motivationsprobleme sein, eine abweichende fachliche Meinung oder Probleme des Mitarbeiters, Ihre fachliche und hierarchische Autorität anzuerkennen.

Für das Gespräch mit einem Mitarbeiter, der schlicht und einfach überfordert ist, wählen Sie bitte ein anderes Format (z.B. *Anleitung, Erfolglosigkeit, Ermunterung*).

Voraussetzung

Sie sind sich sicher, dass der Mitarbeiter befähigt ist, die Anweisung auszuführen. Sie erwarten konkrete Aktivitäten von dem Mitarbeiter und können diese eindeutig beschreiben. Sie sind sich der Gefahr bewusst, dass ein hartgesottener Mitarbeiter Ihre Anweisung buchstäblich ausführen kann (»Dienst nach Vorschrift«), um Sie auflaufen zu lassen. Sie wissen, was Sie tun, wenn Sie rigoros in den Aufgabenbereich des Mitarbeiters eingreifen.

Ziele

Gesprächsziel ist es, den Mitarbeiter zu bewegen, dieses eine Mal die ihm so widerstrebende Aktivität durchzuführen. Dagegen ist es ausdrücklich nicht mehr Ziel dieses Gesprächsformats, den Mitarbeiter von irgendetwas zu überzeugen.

Das eigentliche Ziel des Verfahrens besteht darin, dem Mitarbeiter eine ihm ungewohnte Erfahrung zu vermitteln. Wenn es ihm gelingt, die Aufgabe in der von Ihnen vorgegeben Weise zu lösen, wird er anschließend schwerlich noch behaupten, das ginge nicht. Diese Erfahrung wird seine Maßstäbe korrigieren und die Hoffnung ist, dass er in Zukunft unaufgefordert die notwendigen Aktivitäten ergreift. Für wiederholte Anwendung bei Nichterfolg ist das Gesprächsformat nicht geeignet.

Herausforderung

Mit freundlicher Bestimmtheit anweisen und den möglichen Dissens mit dem Mitarbeiter leichten Herzens ertragen.

Vorgehensweise

Zeigen Sie dem Mitarbeiter in positiver Handlungssprache auf, was Sie von ihm erwarten. Einwände und abweichende fachliche Ansichten nehmen Sie entspannt und respektvoll zur Kenntnis, ohne sich auf Diskussionen einzulassen. »Herr XY, ich weiß, dass Sie da eine bestimmte Meinung zu haben. Ich wünsche aber, dass Sie die Aufgabe genau in der besprochenen Weise angehen. Habe ich mich da klar ausgedrückt?« In diesem Gesprächsformat setzen Sie Ihre Gesamtverantwortung und die damit verbundene Weisungskompetenz gezielt ein, um eine zunächst punktuelle Verhaltensänderung zu erzielen.

Wenn eine fachliche oder sonstige Unsicherheit des Mitarbeiters für sein Verhalten ursächlich ist, kann im Einzelfall die Schriftform die Wirkung der Anweisung verstärken. Sie entlastet den verunsicherten Kollegen von seiner Eigenverantwortung und erleichtert es ihm, Ihrem Wort Folge zu leisten.

Zu erwartende Einwände

Einwände sind auf jeden Fall zu erwarten. Nehmen Sie die entspannt zur Kenntnis und verzichten Sie auf Diskussionen. An diesem Punkt haben Sie sich bereits entschlossen, den Mitarbeiter anzuweisen.

Gute Fragen

Nachdem Sie die Anweisung ausgesprochen haben, überzeugen Sie sich mit Fragen, dass der Mitarbeiter sie verstanden hat und umsetzen wird. Ansonsten wird in diesem sehr direktiven Gespräch nicht viel gefragt.

Dauer

Ein Anweisungsgespräch ist kurz, zwischen 5 und 20 Minuten.

Abschluss

Lassen Sie den Mitarbeiter den Inhalt der Anweisung und seine nächsten Schritte zu deren Umsetzung zusammenfassen.

Dokumentation

Nur in besonders hartnäckigen Fällen geben Sie dem Mitarbeiter die Anweisung schriftlich. Ansonsten machen Sie sich eine Notiz.

Begrüßung

Anlass

Ein Mitarbeiter wechselt in Ihren Verantwortungsbereich. Er war vorher entweder in einem anderen Bereich im Hause tätig oder ist neu im Unternehmen.

Voraussetzung

Sie wissen, für welche Aufgabe Sie den Mitarbeiter einsetzen wollen. Benötigte Unterlagen, um dem Mitarbeiter die Aufgaben zu erklären und ihm aufzuzeigen, wie er sich zielstrebig einarbeiten kann, liegen vor. Falls Sie den Mitarbeiter noch nicht persönlich kennen, haben Sie sich nach ihm erkundigt und eventuelle Unterlagen (Bewerbungsschreiben, Personalakte) eingesehen.

Ziele

Den Kollegen freundlich begrüßen, Erwartungen abgleichen und die Einarbeitung planen.

Herausforderung

Ausreichend Zeit nehmen für sorgfältige Vorbereitung und das Gespräch selber.

Vorgehensweise

Beginnen Sie mit einer kurzen und herzlichen Begrüßung. Anschließend bieten sich folgende Gesprächspunkte (soweit nicht schon vorab geklärt) an:

Erwartungen abklären: Was erwarten Sie von dem neuen Kollegen und wie stellt er sich dazu? Was erwartet der Kollege?

Kenntnisse und Fähigkeiten abgleichen: Die erforderlichen Kenntnisse und Fähigkeiten für die Aufgabe aufzeigen und mit den Befähigungen und Stärken des Kollegen abgleichen. Welche Kenntnisse und Fähigkeiten muss der Kollege sich für die neue Aufgabe erarbeiten? Das mag im Bewerbungsgespräch schon angesprochen worden sein. Heute müssen Sie ganz detailliert werden.

Die Einarbeitung planen: In welchen Lernschritten wird sich der neue Kollege die erforderlichen Kenntnisse und Fähigkeiten zuzulegen und die für ihn wichtigen Ansprechpartner kennen zu lernen? Welche Ressourcen kann er dabei nutzen?

Wer wird ihm behilflich sein? In welcher Weise wollen Sie selber den Prozess begleiten?

Zu erwartende Einwände

Unangemessene Erwartungen: »Allem Anfang wohnt ein Zauber inne«, schrieb Hermann Hesse. Doch damit kann es schnell vorbei sein, wenn die Erwartungen doch nicht so gut passen. In so einem Fall machen Sie besser keine Kompromisse, sondern zeigen auf, was geht, und was nicht. Noch ist es einfach, sich voneinander zu lösen, wenn man nicht zusammenpasst.

Die Angst des Anfängers vor Fehlern: Anfänger sind oft unsicher und versuchen das mit ausschweifendem Theoriestudium zu kompensieren. Zeigen Sie dem Kollegen auf, was er wirklich lernen muss, um erfolgreich zu werden. Darauf soll er sich konzentrieren. Machen Sie ihm Mut: »Wenn Sie heute in einem Jahr zurück schauen, dann werden Sie sehen: So schwer war es gar nicht. Sie werden das schon schaffen!«

Rechthaberei: Erfahrene Fachleute kennen auch andere als die in Ihrem Bereich verwendeten fachlichen Vorgehensweisen. Das kann eine wertvolle Bereicherung sein. Wenn Mitarbeiter sich sehr stark persönlich über ihre fachliche Expertise definieren, kann es zu Rechthaberei kommen. In solchen Fällen machen Sie deutlich, welcher fachliche Ansatz hier und heute in Ihrem Bereich maßgeblich ist.

Gute Fragen

- »Über welche Kenntnisse verfügen Sie in diesem Bereich?«
- »Haben Sie das schon einmal selber erfolgreich durchgeführt?«
- »Welche konkreten Tätigkeiten sind Ihnen aus Ihrer bisherigen beruflichen Erfahrung vertraut?«
- »Welche Tätigkeiten machen Ihnen persönlich in Ihrem Beruf besonders viel Freude?«

Dauer

Das Begrüßungsgespräch dauert zwischen 30 und 90 Minuten, je nach Komplexität der Aufgabe und bereits zuvor erfolgten Klärungen.

Abschluss

Lassen Sie den Mitarbeiter die Ziele und das vereinbarte Vorgehen für seine Einarbeitung zusammenfassen. Bei Bedarf ergänzen Sie. Abschließend bedanken Sie sich für das Gespräch und wünschen dem Kollegen Glück und Erfolg für den Start in der neuen Aufgabe.

Dokumentation

Erstellen Sie eine Notiz zu Ihren Eindrücken. Das vereinbarte Vorgehen lassen Sie den Mitarbeiter selber dokumentieren.

Beistand

Anlass

Der Mitarbeiter ist durch einen Schicksalsschlag getroffen. Das kann ein Todesfall, eine Ehescheidung, eine schwere Krankheit in der Familie oder eine andere ungünstige Entwicklung ihm nahestehender Menschen.

Voraussetzung

Sie wissen hinreichend genau und aus zitierfähigen Quellen, was geschehen ist, um den Mitarbeiter gezielt anzusprechen. Ihnen selbst ist sonnenklar, dass dieses Gespräch unmittelbar keinerlei betrieblichen Zwecken dient, sondern nur der emotionalen Unterstützung des Mitarbeiters. Die Gewohnheit, bei gegebenem Anlass solche Gespräche zu suchen, wird in der Beziehung zu Ihren Mitarbeitern einen entscheidenden Unterschied machen.

Ziele

Sie wollen dem Mitarbeiter Ihr menschliches Mitgefühl und Ihren Respekt für seinen Kummer oder seine Trauer aussprechen. Sie wollen ihm Unterstützung anbieten und ihm so menschlich beistehen, die schwierige Situation durchzustehen und neue Kraft zu finden.

Herausforderung

Sich anteilnehmend dem Leid des Mitarbeiters aussetzen und dabei angemessene Distanz zu wahren.

Vorgehensweise

Bei diesem Gesprächsformat kommt alles auf die gezeigte Empathie an. »Geteiltes Leid ist halbes Leid« ist das Prinzip. »Ich möchte Ihnen sagen, dass es mir wirklich sehr leid tut für Sie, was geschehen ist. Ich kann mir vorstellen, dass das für Sie jetzt eine schwere Situation ist« – so ähnlich können Sie das Gespräch eröffnen. Mit offenen Fragen können Sie sich an die Ereignisse, die Empfindungen und das tatsächliche Mitteilungsbedürfnis des Mitarbeiters respektvoll herantasten und daran anknüpfend Ihr Mitgefühl ausdrücken.

Gute Fragen

- »Wie kam das denn so plötzlich?«
- »Haben Sie schon eine Idee, wie es jetzt für Sie weiter geht?«
- »Wie kann ich Sie unterstützen?«

Dauer

Zwischen 15 und 30 Minuten. Wenn Sie es zulassen, kann es auch länger dauern, je nach Verfassung des Mitarbeiters. Dass der Beistand von Ihnen aktiv ausgegangen ist, und wie das Gespräch verlaufen ist, bedeutet für den Mitarbeiter viel mehr als die zeitliche Ausdehnung.

Abschluss

Schließen Sie das Gespräch mit dem Ausdruck von Respekt und Verständnis für die Gefühle des Mitarbeiters und einem guten Wunsch.

Dokumentation

Erübrigt sich.

Beschwerde

Anlass

Ein Mitarbeiter möchte sich bei Ihnen über irgendetwas beschweren. Richtet sich die Beschwerde gegen andere Kollegen, dann liegt ein Konflikt vor, siehe dazu *Konflikt unter Mitarbeitern*.

Voraussetzungen

keine

Ziele

Sie haben zwei Ziele:

1. Das Anliegen des Mitarbeiters verstehen. Das heißt nicht unbedingt, dass Sie ihm zustimmen.
2. Dem Mitarbeiter zu erkennen zu geben, dass Sie verstanden haben, worum es ihm geht.

Darüber hinaus geht es darum, den Inhalt der Beschwerde zu beurteilen, Ihr Urteil dem Mitarbeiter nachvollziehbar zu machen und gegebenenfalls erforderliche Maßnahmen einzuleiten. Das erfordert oft weitere Klärungen und Einbeziehung Dritter. Außerdem sind Sie in manchen Fällen gut beraten, sich das alles noch einmal durch den Kopf gehen zu lassen. Bei Vorliegen einer dieser Gründe ist es legitim, über eine Beschwerde nicht sofort inhaltlich zu entscheiden. Sie können den Mitarbeiter um etwas Geduld zu bitten und gegebenenfalls einen Folgetermin vereinbaren.

Herausforderung

Den Mitarbeiter geduldig anhören, auch bei scheinbar unsinnigen Anliegen.

Vorgehensweise

Das Vorgehen ist scheinbar einfach: Sie bitten den Mitarbeiter, sein Anliegen vorzutragen und hören aktiv zu. Wenn der Mitarbeiter bestätigt, dass er fertig ist, fassen Sie die Angelegenheit in Ihren Worten wertfrei zusammen. Fragen Sie nach, ob Sie alles richtig verstanden haben. Bis zu diesem Zeitpunkt enthalten Sie sich jeder Wertung. Das gilt auch für Anliegen, die Sie für unsinnig halten. Sie sind in diesem Moment erst mal Kummerkasten. Wenn Sie in der Rolle nicht funktionieren, sucht der Mitarbeiter sich für seinen Unmut an Ihnen vorbei andere Kanäle. Selbst wenn Sie die Sichtweise des Mitarbeiters nicht teilen, so ist es doch gut, dass er Sie darüber vertrauensvoll in Kenntnis setzt. So haben Sie Möglichkeiten, darauf zu reagieren. Die Kunst ist also hier, sich auch dann mit Wertungen zurück zu halten und aktiv zuzuhören, wenn es schwer fällt.

Wenn diese erste Phase des Gesprächs abgeschlossen ist, müssen Sie entscheiden, wie Sie mit dem Anliegen verfahren wollen. Sie wechseln dafür die Rolle. Nun sind Sie nicht mehr Kummerkasten, sondern Manager und treffen eine Entscheidung über das weitere Verfahren. Dafür müssen Sie folgende Fragen bedenken:

- Können Sie mit dem Wissen, das Sie jetzt haben und ohne Dritte zu hören eine Entscheidung in der Sache treffen? Oft ist das nicht ratsam und dann bitten Sie den Mitarbeiter um Geduld und veranlassen weitere Klärungen.
- Wenn ja, hat der Mitarbeiter Recht mir seiner Beschwerde? Wenn nicht, dann erklären Sie ihm das.
- Wenn Sie sich hier und jetzt entschließen, der Beschwerde nachzugeben, stellt sich die Frage, über welche Möglichkeiten Sie und der Mitarbeiter verfügen, um der Beschwerde abzuhelfen. Treffen Sie dazu nach Möglichkeit eine Vereinbarung, die auch den Mitarbeiter mit in die Pflicht nimmt. Falls Sie keine Möglichkeiten sehen, bei einer berechtigten Beschwerde Abhilfe zu schaffen, sollten Sie bei länger anhaltenden, erheblichen Beeinträchtigungen für den Mitarbeiter überlegen, wie Sie ihm an anderer Stelle entgegen kommen. Das muss nicht hier und jetzt erledigt werden, Sie dürfen sich dazu erst mal etwas Gedanken machen. Bringen Sie das passend zum Ausdruck!

Die Kunst bei diesem Gesprächsanlass ist es, die beiden Rollen – Kummerkasten und Manager – konsequent einzuhalten und den Wechsel zwischen ihnen zum richtigen Zeitpunkt zu vollziehen.

Einwände

Einwände kann es in der zweiten Gesprächsphase geben.

- »Können Sie das nicht jetzt sofort entscheiden?«
- »Wie lange soll das denn noch so weiter gehen?«
- »Wenn Sie das nicht entscheiden können, dann spreche ich auch gerne selber mit Ihrem Chef.«

Gute Fragen

- »Was daran stört Sie am meisten?«
- »Was wäre aus Ihrer Sicht eine gute Lösung?«

Dauer

Ein Beschwerdegespräch kann zwischen 15 und 45 Minuten dauern.

Abschluss

Fassen Sie die Gesprächsergebnisse kurz zusammen und bedanken sich für die Initiative des Mitarbeiters.

Dokumentation

Erstellen Sie sich eine Notiz.

Beurteilung

Anlass

Eine Beurteilung ist eine Einschätzung der fachlichen und persönlichen Fähigkeiten des Arbeitsnehmers. Sie wird zu unternehmensinternen Zwecken erstellt wird, etwa um die Eignung für eine bestimmte berufliche Laufbahn zu ermitteln. Viele Unternehmen führen jährlich Beurteilungen durch, um die Aktualität und ein Feedback der Führungskräfte für die Mitarbeiter zu gewährleisten. Im Bereich des TVÖD und anderen Tarifwerken werden bestimmte Leistungsvergütungen an eine positive Beurteilung gekoppelt. Generell haben Arbeitnehmer in Deutschland einen Rechtsanspruch (§ 82 BetrVG) auf eine Beurteilung, wenn sie dies wünschen. Eine Beurteilung wird auch häufig als Bestandteil eines *Jahresgesprächs* durchgeführt.

Voraussetzung

Die Beurteilung muss individuell anhand nachvollziehbarer Kriterien erfolgen. Diskriminierungen auf Grund von Geschlecht, Alter, Religion, sexueller Orientierung oder anderen persönlichen Merkmalen sind unzulässig. Wenn Ihr Unternehmen regelmäßig Beurteilungen durchführt, z.B. auf Grund tarif-vertraglicher Verpflichtungen, wird es sie auch mit einem Regelwerk für Inhalt und Erstellung der Beurteilung versorgt haben.

Falls ein solcher Rahmen nicht vorliegt, müssen Sie selbst die Beurteilungskriterien erstellen. Nehmen Sie die methodische Unterstützung des Personal- oder Organisationsbereichs in Anspruch. Welche beobachtbaren und beurteilbaren Fähigkeiten und Verhaltensweisen sind für den Erfolg in der Aufgabe des Beurteilten wichtig? Wenn es eine Stellenbeschreibung gibt, können und müssen Sie sich an der orientieren.

Nachdem Sie die Beurteilungskriterien ermittelt haben, müssen Sie für jedes Kriterium eine Beurteilung vornehmen. Die soll durch nachvollziehbare Ereignisse und Erfahrungen belegbar sein. Welche konkreten Beobachtungen konnten Sie bei dem zu beurteilenden Mitarbeiter zu den einzelnen Beurteilungskriterien feststellen? Was wissen Sie zur Leistungsmenge und –qualität des Mitarbeiters? Welches Verhalten gegenüber Kollegen, Führungskraft und gegebenenfalls auch Kunden bzw. Patienten und anderen Geschäftspartnern ist Ihnen bekannt? Erstellen Sie sich dazu Notizen.

Im nächsten Schritt bewerten Sie Ihre Beobachtungen. Entsprechen die beobachteten Fähigkeiten und Verhaltensweisen den dem Mitarbeiter bekannten Erwartungen bzw. den mit ihm getroffenen Zielvereinbarungen? Ist das immer, meistens, manchmal oder nie der Fall?

Und noch eine letzte Frage: Hat sich der Mitarbeiter im Beobachtungszeitraum in Bezug auf dieses Beurteilungskriterium verbessert oder verschlechtert, oder ist keine Veränderung feststellbar?

Bitte beachten Sie, dass Sie nur Ereignisse und Beobachtungen aus dem Beurteilungszeitraum nutzen. Wenn sich die Beurteilung zum Beispiel auf die letzten zwölf Monate bezieht, dann dürfen Sie Ereignisse, die länger zurückliegen bei der Bewertung nicht verwenden. Allenfalls zu Vergleichszwecken dürfen Sie diese »alten Kamellen« heranziehen, um Entwicklungen einordnen zu können.

Für das Beurteilungsgespräch muss die Beurteilung als Entwurf schriftlich vorliegen. Zum Abschluss oder zeitnah nach dem Gespräch muss dem Beurteilten eine Kopie der endgültigen Beurteilung ausgehändigt werden.

Bitten Sie den Mitarbeiter, sich seinerseits ebenfalls anhand der Beurteilungskriterien vorzubereiten. Das wird Ihnen eine dialogische Gestaltung des Gesprächs erleichtern.

Ziele

Arbeitsrechtlich ist die Beurteilung eine Stellungnahme des Arbeitgebers, die der Arbeitnehmer zur Kenntnis nimmt. Er kann Fragen stellen und anschließend auch Einsprüche geltend machen. Die Beurteilung hat rechtliche Bindewirkungen für den Arbeitgeber, zum Beispiel bei späteren arbeitsrechtlichen Auseinandersetzungen. Deshalb ist und bleibt es eine Erklärung des Arbeitgebers, der über ihren konkreten Inhalt das letzte Wort hat. Der Mitarbeiter erlebt die Beurteilung durch Sie als Fremdbild, das mit seinem Selbstbild nicht übereinstimmen muss.

Trotzdem ist es zu empfehlen, ein wirkliches Gespräch zu suchen, in dem auch Einwände des Beurteilten zur Sprache kommen. Jede anspruchsvolle Führungskraft wird bestrebt sein, daraus eine den Mitarbeiter motivierende und anspornende Erfahrung zu machen. Die Anerkennung von Leistungen und Stärken des Mitarbeiters ist zentral und die Bereiche, in denen er nicht zufriedenstellend agiert, müssen auch unmissverständlich angesprochen werden. Es ist nicht erforderlich, dass Mitarbeiter und Führungskraft in jedem Punkt einen Konsens erzielen. Wichtig ist, zum individuellen beruflichen Entwicklungsweg des Mitarbeiters sachlich, konstruktiv und wohlwollend miteinander im Gespräch zu bleiben.

Geben Sie dem Mitarbeiter grundsätzlich die Möglichkeit, durch sachliche Hinweise und überzeugende Argumente auf die Beurteilung Einfluss zu nehmen.

Das konkrete Gesprächsziel ist, dem Mitarbeiter in einer motivierenden und anspornenden Weise die Beurteilung der Führungskraft mitzuteilen und nachvollziehbar zu machen. Der Mitarbeiter soll Gelegenheit bekommen für ergänzende und korrigierende Hinweise, die, wenn sie stichhaltig erscheinen, in die endgültige Fassung der Beurteilung einbezogen werden.

Herausforderung

1. Das Gespräch dialogisch gestalten und doch die Führung und Verantwortung für das Resultat behalten.
2. Dem Mitarbeiter Schwächen nicht als Kritikpunkte, sondern als Herausforderungen aufzeigen.
3. Den Mitarbeiter Ihrem Urteil aussetzen, auch wenn er nicht mit allem einverstanden ist.

Vorgehensweise

Auf Grund des erörterten Charakters einer Beurteilung sind Sie als erstes an der Reihe, Ihre Beurteilung darzulegen. Anschließend geben Sie dem Mitarbeiter Gelegenheit zu Fragen und Hinweisen. Diese Reihenfolge gibt Ihnen Gelegenheit, zunächst die bedeutendsten Fähigkeiten und Leistungen sowie die positivsten Verhaltensgewohnheiten des Mitarbeiters anzuerkennen. Auch positive Veränderungen gegenüber dem letzten Beurteilungszeitraum bringen Sie unmissverständlich zur Sprache. Seien Sie dabei ganz konkret und rufen Sie exemplarische Ereignisse als Beleg in Erinnerung. Zu Punkten, bei denen Sie ein differenziertes oder gar negatives Urteil haben, können Sie auch zunächst dem Mitarbeiter Gelegenheit geben, sein Selbstbild darzulegen. So erfahren Sie mehr über seine Selbstwahrnehmung zu diesem Punkt. Wenn er ohnehin schon über eine selbstkritische Wahrnehmung verfügt, können Sie sich damit begnügen, milde beizupflichten.

Die anzustrebende Objektivität der schriftlichen Beurteilung bedeutet noch lange nicht, dass Sie im Gespräch Ihre Gesprächszeit und -Energie genauso »objektiv«

einsetzen. Den positivsten Einfluss, insbesondere auf gut motivierte Mitarbeiter, erzielen Sie, wenn Sie den Stärken und Talenten des Mitarbeiters den größten Teil Ihrer Aufmerksamkeit zuwenden.

Wie thematisieren Sie die Schwächen des Mitarbeiters? Formulieren Sie Wünsche, Erwartungen und Anforderungen. Befragen Sie den Mitarbeiter, wie er seine diesbezüglichen Fähigkeiten sieht und welche Verbesserungen er anstrebt. Wenn es Schwächen gibt, die Sie definitiv nicht hinnehmen können, müssen Sie das deutlich sagen. Es erweist sich als großer Vorteil, wenn Sie nicht zum ersten Mal mit dem Mitarbeiter über seinen Leistungsbeitrag und seine Motivation sprechen. Mit motivationsschwachen Mitarbeitern kann es sich zuerst schwierig gestalten, deren unrealistisches Selbstbild zu korrigieren. Das gelingt leichter in einem formloseren Gespräch (siehe *Demotivation, Erfolglosigkeit*) als in einem Beurteilungsgespräch, dessen Resultat in der Personalakte dokumentiert wird. Ist dann ansatzweise eine gemeinsame Sicht erarbeitet, fällt es dem Mitarbeiter leicht, diese im Beurteilungsgespräch fortzuschreiben und zu dokumentieren.

Zu erwartende Einwände

Einwände des Mitarbeiters sind aus folgenden Richtungen möglich:

- Der Mitarbeiter führt Ereignisse oder Tatsachen an, die seine Leistung oder sein Verhalten in ein anderes Licht rücken. Es ist an Ihnen, den Realitätsgehalt und die Bedeutung dieser Hinweise in Bezug auf Ihre Beurteilungskriterien zu bewerten und dies nachvollziehbar zu vertreten. Es ist nicht unbedingt erforderlich, dazu Konsens mit dem Mitarbeiter zu erzielen. Wichtig ist, dass der Mitarbeiter feststellt, dass Sie sich mit seinem Hinweis ernsthaft auseinandersetzen.
- Der Mitarbeiter bewertet Ausmaß und Bedeutung seiner Stärken stärker und seiner Schwächen geringer als Sie. In diesem Fall fragen Sie nach konkreten Ereignissen und Erfahrungen, mit denen der Mitarbeiter seine Sicht belegen kann (siehe letzter Absatz). Sofern der Mitarbeiter trotz Ihrer Einladung keine stichhaltigen Hinweise für seine »gefühlte« Bewertung vorbringt, lassen Sie sich davon nicht beeindrucken.
- Der Mitarbeiter erkennt bestimmte Beurteilungskriterien nicht an. Das wirft die Frage auf: Wurden die Kriterien dem Mitarbeiter frühzeitig bekannt gemacht? Wenn nicht, müssen Sie das jetzt nachholen. Andernfalls zeigen Sie dem Mitarbeiter auf, dass die Beurteilungskriterien ihm bekannt gemacht bzw. mit ihm vereinbart wurden. Der Kollege mag das vergessen haben, Sie nicht.

Gute Fragen

- »Gibt es zu diesem Punkt aus Ihrer Sicht wichtige Ergänzungen, oder Aspekte, die Sie anders bewerten?«
- »Nun komme ich zu einem etwas schwierigeren Punkt, dem Thema XY. Wie erleben Sie sich denn selbst in dem Aufgabenbereich?«
- »Zum Schluss würde mich interessieren, wie Sie das Gespräch erlebt haben und wie zufrieden Sie damit sind.«

Dauer

60 bis 90 Minuten

Abschluss

Sie fassen die Ergebnisse des Gesprächs zusammen: Schwerpunkte Ihrer Beurteilung,, Übereinstimmungen mit dem Mitarbeiter, offene Meinungsunterschiede und gegebenenfalls vereinbarte Folgeaktivitäten. Bitten Sie den Mitarbeiter um ein Feedback, wie er das Gespräch erlebt hat. Abschließend bringen Sie Ihre Wertschätzung für den Mitarbeiter in passenden Worten auf den Punkt und bedanken sich für das Gespräch.

Dokumentation

Die Beurteilung haben Sie schon vor dem Gespräch erstellt. Falls das Gespräch Ihnen zusätzliche Einsichten verschafft hat, die Sie zu Änderungen veranlassen, setzen Sie das kurzfristig um und lassen dem Mitarbeiter die Beurteilung zukommen. Eine Kopie kommt in die Personalakte.

Delegation

Anlass

Sie möchten eine Aufgabe an einen bestimmten Mitarbeiter delegieren.

Voraussetzung

- Sie können die Aufgabe und die damit verbundenen Ziele präzise benennen.
- Der Mitarbeiter ist der Aufgabe gewachsen.
- Der Mitarbeiter kann einen angemessenen Teil seiner eigenen Arbeitszeit der Aufgabe widmen sowie über weitere Ressourcen verfügen.
- Sie beabsichtigen, dem Mitarbeiter erforderliche Entscheidungskompetenzen zu übertragen. Sie werden mit ihm absprechen, welche Entscheidungen er selber treffen soll und in welchen Fällen er Ihnen oder einem Dritten Entscheidungsvorschläge präsentieren soll.
- Sie haben präzise Vorstellungen, wie dicht Sie den Mitarbeiter während der Aufgabenerledigung begleiten wollen und bei welchen Vorfällen Sie eine umgehende Einbeziehung (*Eskalation*) erwarten.
- Bereits mit der Einladung zum Gespräch haben Sie den Mitarbeiter gebeten, sich mit bestimmten Unterlagen und Sachverhalten vorbereitend vertraut zu machen.

Ziele

Gesprächsziel ist es, den Mitarbeiter so zu instruieren, dass er gut motiviert und informiert mit der delegierten Aufgabe sofort bzw. zum geplanten Termin beginnen kann.

Herausforderung

Faszinierende, motivierende Präsentation der Aufgabe und genaue Absprache der Ziele, Erwartungen und Vorgehensweisen.

Vorgehensweise

Was wird diesen Mitarbeiter motivieren, diese Aufgabe erfolgreich durchzuführen? Was macht die Aufgabe interessant oder faszinierend? Diese Fragen sollten Sie sich zu allererst stellen und abhängig von den Antworten Ihr Gesprächsvorgehen zuschneiden.

Die eigentliche Delegation erfordert die zuverlässige Übermittlung folgender Informationen:

- Was ist das Ziel?
- Welche Ressourcen stehen dem Mitarbeiter zur Verfügung?
- Welche Entscheidungen soll er selber treffen und welche soll er bei Ihnen oder Dritten veranlassen?
- Wie stellen Sie sich während der Durchführung der Aufgabe den Kontakt mit dem Mitarbeiter vor?

In welchen Fällen soll er Sie umgehend einschalten (eskalieren)?

Falls Sie bestimmte Vorstellungen zur Art der Umsetzung haben, die Ihnen wichtig sind, sollten Sie auch das klar mitteilen. Generell ist hier Zurückhaltung zu empfehlen. Lassen Sie dem Mitarbeiter einen seinen Fähigkeiten entsprechenden Freiraum bei seinem konkreten Vorgehen. Nur wenn er erhebliche Fehler zu machen droht, mischen Sie sich ein. Im Gespräch können Sie das in der Weise umsetzen, dass Sie den Mitarbeiter befragen, welches konkrete Vorgehen er bevorzugt.

Zu erwartende Einwände

Der Mitarbeiter kann Einwände vorbringen bezüglich

- Seiner eigenen Befähigung zu der Aufgabe
- Den allgemeinen Erfolgsaussichten
- Der Zweckmäßigkeit
- Der geplanten Aktivität
- Zweckmäßigkeit bestimmter, von Ihnen gewünschter Vorgehensweisen
- Des von seiner Seite erforderlichen Arbeitsaufwands
- Der ausreichenden Verfügbarkeit sonstiger erforderlicher Ressourcen

Außerdem kann es zu Vorwänden und Rückdelegationsversuchen kommen:

- »Das ist nach meiner Ansicht Chefsache, solche Entscheidungen zu durchdenken und zu verantworten.«
- »Ich verstehe, dass Ihnen das Thema wichtig ist. Leider habe ich derzeit überhaupt keine Zeit, um Sie dabei zu unterstützen.«
- »Das kann ich nicht alleine. Sie müssen mir helfen.«

Gute Fragen

- »Ist Ihnen die Thematik bekannt?«
- »Ist Ihnen die Aufgabe, so wie ich Sie beschrieben habe, klar?«
- »Benötigen Sie noch weitere Informationen?«
- »Glauben Sie, dass Sie das hinbekommen?«
- »Wie werden Sie an die Sache herangehen?«
- »Was werden Ihre nächsten Schritte sein?«
- »Wie kann ich Sie bei der Aufgabe unterstützen?«
- »Fühlen Sie sich durch dieses Gespräch ausreichend auf die Aufgabe eingestimmt?«
- »Können Sie das Gesprächsergebnis bitte in Ihren Worten nochmal zusammenfassen?«

Dauer

15-90 Minuten, abhängig von der Komplexität der Aufgabe

Abschluss

Lassen Sie den Mitarbeiter das Gespräch zusammenfassen. Bedanken Sie sich und drücken Sie Ihre Zuversicht aus, dass der Mitarbeiter die Aufgabe in der besprochenen Weise erfolgreich meistern wird.

Dokumentation

Lassen Sie den Mitarbeiter die Gesprächsergebnisse per Email notieren.

Demotivation

Anlass

Ein in der Vergangenheit erfolgreicher Mitarbeiter hat an Motivation verloren. Seine Arbeitsresultate sind bestenfalls noch mittelmäßig. Für Mitarbeiter, deren Arbeitsergebnisse noch nie besonders überzeugend waren, ist dieses Format ungeeignet. Schauen Sie stattdessen unter *Erfolglosigkeit.*

Voraussetzung

Informieren Sie sich hinreichend zu den früheren Erfolgen des Mitarbeiters und den heutigen, mittelmäßigen Arbeitsresultaten, um sich nicht mit Ausflüchten abwimmeln zu lassen.

Ziele

Gesamtziel des Gesprächsprozesses ist es, die Demotivation zu überwinden und wieder einen sehr erfolgreichen Mitarbeiter mehr im Team zu haben. Wenn das nicht gelingt, ist eine andere Lösung zu finden, die mit den Interessen des Unternehmens und den Aufgaben in Ihrem Verantwortungsbereichs verträglich ist. Der Prozess kann sich über mehrere Gesprächsrunden hinziehen. Für das erste Gespräch ist es oft schon ein anspruchsvolles Ziel, die Ursachen der Demotivation zu erarbeiten.

Herausforderung

Demotivation erkennen und thematisieren. Ausreden überwinden und sich möglichen Konflikten mit dem Mitarbeiter stellen. Sich unter Umständen sehr persönlichen Informationen des Mitarbeiters aussetzen. Mit der Gefahr einer Eskalation der Situation bewusst umgehen.

Vorgehensweise

Zu Beginn geben Sie dem Mitarbeiter zu verstehen, dass Sie als Führungskraft den Rückgang seiner Motivation bemerkt haben. Es gibt 100.000 verschiedene Anlässe zur Demotivation. Häufig sind länger anhaltende Unter- oder Überforderung, ständige Überarbeitung, Konflikte mit der direkten Führungskraft, mangelnde Anerkennung, Scheitern von Karriereambitionen und persönliche oder private Schwierigkeiten. Um zusammen mit dem Mitarbeiter eine Lösung zu finden, ist es erforderlich, dass Sie die Ursache zu kennen. Nicht in jedem Fall wird der Mitarbeiter sofort bereit sein, seine Motivationsschwierigkeiten einzugestehen und über die Ursachen offen zu sprechen. Wenn es sich um sehr persönliche Themen handelt, geben Sie sich mit allgemeinen Informationen zufrieden. Sie sind nicht der Beichtvater oder Psychotherapeut des Mitarbeiters und der Mitarbeiter ist auch nicht verpflichtet, Ihnen seine persönlichen Angelegenheiten darzulegen.

Wenn der Anlass der Demotivation bekannt ist, können Sie mit dem Mitarbeiter eine Lösung entwickeln und umsetzen. Manchmal reicht schon eine Beziehungsklärung im Gespräch, um die Probleme dauerhaft zu überwinden. Es kann sein, dass eine attraktive Perspektive für den Mitarbeiter nur noch außerhalb Ihres Verantwortungsbereichs zu finden ist. Das kann eine Aufgabe in einem anderen Unternehmensbereich sein oder bei einem anderen Arbeitgeber. Eine vorbehaltlose Diskussion wird keine positive Lösungsmöglichkeit von vornherein ausschließen.

Wenn der Mitarbeiter sich trotz redlicher Bemühungen Ihrerseits einem solchen Prozess letztlich entzieht, müssen Sie ihn irgendwann als *erfolglos* behandeln und die Vorgehensweise entsprechend ändern.

Zu erwartende Einwände

- »Ich mache doch einen guten Job, was wollen Sie eigentlich?«
- »Ich bin heute genauso erfolgreich wie früher.«
- »Es gab die Probleme, die Sie ansprechen, aber das waren Einzelfälle, die sollten Sie nicht verallgemeinern.«
- »Jeder macht mal einen Fehler, muss man da gleich so ein Ding draus machen?«

Gute Fragen

- »Sie waren ja noch vor ein paar Jahren unglaublich engagiert bei der Sache, wenn es um <wichtige Arbeitsaufgabe> geht. Heute habe ich das Gefühl, da ist irgendetwas mit Ihnen passiert. Was ist mit Ihnen los?«
- »Es heißt, Sie seien mal einer der fähigsten und engagiertesten Mitarbeiter hier in der Abteilung gewesen. Auch heute leisten Sie einen Beitrag, aber ich kann mich des Gefühls nicht erwehren, wenn Sie wollten, dann könnten Sie viel mehr als das, was Sie leisten. Wie sehen Sie das?«

Dauer

Für das erste Gespräch mit einem demotivierten Mitarbeiter sollten Sie ein bis zwei Stunden einplanen. Auch das Finden einer Lösung kann diesen Zeitrahmen erfordern.

Abschluss

Schließen Sie das Gespräch ab, wenn ein Etappenziel erreicht ist, oder wenn Sie bemerken, dass Sie mit Ihrem derzeitigen Gesprächsansatz nicht weiter kommen. Quittieren Sie jeden realen Gesprächsfortschritt mit Anerkennung und einem positiven Ausblick auf die nächsten Schritte.

Beispiel: »Herr XY, ich bin ganz froh und bedanke mich, dass wir so offen mit einander sprechen konnten. Nun, wo uns beiden klar ist, was die Ursachen Ihrer Motivationsschwierigkeiten sind, bin ich ganz zuversichtlich, dass wir auch eine Lösung finden werden. Bitte machen Sie sich dazu schon mal Gedanken und lassen Sie uns dann am <zeitnaher Termin> das Gespräch fortsetzen. Danke und einen schönen Tag noch.«

Dokumentation

Machen Sie sich eine detaillierte Notiz zu dem Gespräch.

Erfolglosigkeit

Anlass

Ein Mitarbeiter ist nachhaltig erfolglos und es mangelt ihm an den Fähigkeiten und der Motivation, daran etwas zu verändern. Mit Erfolglosigkeit meine ich, dass dem Kollegen die wichtigsten Aufgaben häufig bis regelmäßig nicht in qualitativ und quantitativ akzeptabler Weise gelingen. Erfolglosigkeit ist ein unerfreuliches Thema, dem manche Führungskräfte gerne ausweichen. Dadurch wird alles noch verfahrener. Für fähige und verantwortungsvolle Führungskräfte ist Erfolglosigkeit ein Gesprächsanlass.

Abgrenzung: Hier ist nicht die Rede von Menschen, die wegen einer Krankheit, einer Sucht oder einer Behinderung zu einer normalen Aufgabenerledigung nicht in der Lage sind.

Wenn die Erfolglosigkeit nicht an mangelnden Fähigkeiten, sondern ganz überwiegend an unzureichender Motivation liegt, dann orientieren Sie sich bitte an dem Gesprächsformat *Demotivation*.

Voraussetzung

Um ein Gespräch in der unten aufgezeigten Weise führen zu können, müssen Sie die Erfolglosigkeit des Kollegen mit aktuellen Informationen nachvollziehbar belegen können. Da es ohnehin geboten ist, diese Art von Mitarbeitern eng zu führen, sollte es Ihnen nicht schwerfallen, sich ausreichend mit Fakten zu versorgen.

Eine weitere Voraussetzung betrifft Ihr eigenes Rollenverständnis. Unfähigkeit am Arbeitsplatz kann gefährlich sein. Sie kann den Arbeitgeber teuer zu stehen kommen. Es gibt ein Schutzbedürfnis des Umfeldes vor einem Übermaß an Unfähigkeit und Unwilligkeit. Sie als Führungskraft haben die Aufsicht und die Aufgabe, hier bei Bedarf unverzüglich einzugreifen. Das kann zu Konflikten mit dem betreffenden Mitarbeiter führen. Als Führungskraft ist es Teil Ihrer Aufgabe, solche Konflikte anzunehmen und zu einer akzeptablen Lösung zu führen.

Ziele

Ziel des Gesprächs ist es, den Mitarbeiter mit dem Stand seiner Arbeitsresultate zu konfrontieren und einen Prozess der Klärung und Besserung einzuleiten. In dessen

Verlauf wird der Mitarbeiter voraussichtlich moderate Fortschritte erzielen. Das ist fast immer ein realistisches Ziel. Wenn der Mitarbeiter sich verweigert oder die Verbesserungen nicht ausreichen, müssen Sie eine Entscheidung treffen, ob der weitere Einsatz des Mitarbeiters verantwortbar ist. Ein negative Entscheidung muss für Dritte (Ihre Chefs, Betriebsrat, Arbeitsgericht) nachvollziehbar sein (siehe Dokumentation).

Herausforderung

1. Sich dem konflikträchtigen Thema Erfolglosigkeit stellen und sich mit der zu erwartenden Selbstüberschätzung des Mitarbeiters auseinander setzen.
2. Das Gespräch zukunftsorientiert zu führen und den Mitarbeiter in die Verantwortung zu nehmen für eine Verbesserung der Situation.
3. Konsequenzen ziehen, wenn Verbesserungen ausbleiben und der Einsatz des Mitarbeiters nicht länger zu verantworten sein sollte.
4. Das gesamte Vorgehen für Dritte (eigener Chef, Betriebsrat, manchmal: Arbeitsgericht) nachvollziehbar gestalten.
5. Die eigene Zeit und emotionale Energie dabei sparsam einsetzen.

Vorgehensweise

Eine häufige Ursache von Erfolglosigkeit ist ein Mangel an einschlägigen Talenten zu der gewählten beruflichen Aufgabe. Auch die allgemeine Motivationsfähigkeit ist bei Menschen unterschiedlich ausgeprägt. An diesen Faktoren können der Mitarbeiter und Sie grundsätzlich wenig ändern. Dennoch sind, guter Wille und eine gewisse Anstrengung vorausgesetzt, meistens Verbesserungen möglich, die einen Unterschied machen. Was wollen und können Sie in der konkreten Situation erreichen? Diese Frage gilt es gemeinsam mit dem Mitarbeiter zu klären. Gemeinsam mit dem Mitarbeiter? Sie haben richtig gelesen! Sie können ja den Kollegen nicht ändern, das kann er nur selber. Auch bei Erfolglosigkeit gilt es, den Betroffenen zum Beteiligten zu machen.

Damit ein zielführendes Gespräch möglich wird, müssen Sie zunächst eine realistische Grundlage schaffen. Erfolglose Mitarbeiter haben meist ein unrealistisches Bild von sich und ihren Leistungen. Dieses Phänomen ist als Dunning-Kruger-Effekt bekannt. Der bedeutet sinngemäß, dass diejenigen, die am wenigsten Ahnung von etwas haben, mit hoher Wahrscheinlichkeit auch ihre eigene Ahnungslosigkeit nicht realistisch beurteilen.[9] Ihr erstes Ziel ist es, dieses illusionäre Selbstbild durch Konfrontation mit den Tatsachen zu entkräften. Dabei werden Sie auf Widerstand stoßen. Achten Sie darauf, auch in dieser Situation respektvolle Umgangsformen zu wahren. So vermeiden Sie es, die Widerstände unnötig anzufachen. Es kann mehr als einen Gesprächsanlauf benötigen, bis der erfolglose Mitarbeiter sich eingesteht, dass es ein Problem gibt und eine lösungsorientierte Diskussion möglich wird. Ist dieser Punkt erreicht, steht der Kollege vor der entscheidenden Frage, was er selbst denn für die Zukunft aus der Situation machen möchte. Die Antwort dürfen Sie ihm nicht abnehmen. Sie können ihm aber helfen, auf dem Teppich zu bleiben. Erfolglose Menschen greifen manchmal nach unrealistischen Zielen. Helfen Sie dem Kollegen, sich auf kleinschrittige, konkrete Verbesserungen zu konzentrieren. Vermeiden Sie auch Diskussionen über die »Ursachen« der von Ihnen aufgezeigten Leistungsmängel. Das führt nur zu end- und fruchtlosen Rechtfertigungen. Konzentrieren Sie sich auf die Frage, wie es in Zukunft weiter gehen soll.

Involvierung des Betriebsrats

Es kann Ihnen passieren, dass der Mitarbeiter zu einem Folgegespräch einen Vertreter des Betriebsrats mitbringt. Das ist sein Recht und noch kein Grund zur Aufregung. In dem Fall ziehen Sie vorsichtshalber ebenfalls einen »Zeugen« aus der Personalabteilung hinzu. Ein erfahrenes Betriebsratsmitglied kann sich in der Situation für Sie als hilfreich erweisen. Erfahrene Betriebsräte wollen Mitarbeiter vor Willkür und Ungerechtigkeit schützen, aber nicht vor normalen Arbeitsanforderungen. Wenn der Betriebsrat dem Mitarbeiter anschließend bestätigt, dass Ihre Anforderungen legitim sind, dann mag es sein, dass der Groschen endlich fällt. Allerdings gibt es auch unerfahrene Betriebsratsmitglieder. Ohnehin ist es klüger, wenn Sie in Fällen, in denen Sie solche Konflikte erwarten, von sich aus den Betriebsrat vorab über Ihr beabsichtigtes Vorgehen informieren.

In jedem Fall müssen Sie Ihr Vorgehen nachvollziehbar dokumentieren, um bei einer Eskalation Ihr Vorgehen anhand von nachvollziehbaren Tatsachen gegenüber dem Betriebsrat, Ihrem eigenen Chef oder gar dem Arbeitsrichter zu erläutern.

---

[9]   Justin Kruger, David Dunning: Unskilled and unaware of it. How difficulties in recognizing one's own incompetence lead to inflated self-assessments. In: Journal of Personality and Social Psychology. 77, Nr. 6, 1999, S. 1121–1134

In der Mehrzahl der Fälle wird der Mitarbeiter schließlich Anstrengungen unternehmen, die zu gewissen Fortschritten führen. Dabei werden Sie ihn angemessen unterstützen. Angemessen heißt: Ihre Investitionsbereitschaft, persönlich und betriebswirtschaftlich, wächst mit dem Engagement des Mitarbeiters. Gehen Sie nicht in Vorleistung. Ein Fehler ist es, unmotivierte Mitarbeiter zu Weiterbildungsseminaren zu schicken. Kleinschrittige Lernziele helfen dem Kollegen, sich auf konkrete, für ihn erreichbare Verbesserungen zu konzentrieren. Und im Erfolgsfall finden Sie Gelegenheit, durch Anerkennung den Lernprozess emotional positiv zu unterstützen. Auf diese Weise werden Sie fast immer konkrete Verbesserungen erzielen. Wunder sollten Sie nicht erwarten.

Zu erwartende Einwände

Konfrontiert mit konkreten Misserfolgen, wird der Mitarbeiter zunächst versuchen, anderen Menschen oder unpersönlichen Umständen dafür die Verantwortung zuzuschieben, zum Beispiel:

- »Die Kollegen haben mich hängen lassen.«
- »Das war ein sehr schwieriger Kunde.«
- »Die Software hat nicht funktioniert.«

Eine weitere Ausredetaktik besteht darin, das Problem klein zu reden:

- »Das ist doch nur ein einziges Mal vorgekommen.«
- »Jeder hat mal einen schlechten Tag, oder nicht?«
- »Muss man aus einem kleinen Fehler so ein Ding machen?«

Wenn Sie dann nicht locker lassen, kann es sein, dass der Mitarbeiter sich angegriffen fühlt und Ihnen unredliche Absichten unterstellt: »Ich glaube, Sie haben es auf mich abgesehen.« Und gegenüber Dritten sagt er: »Mein Chef mobbt mich.«

Erfolglose Mitarbeiter drängen manchmal nach besonders anspruchsvollen Aufgaben, um ihre vermeintlichen Fähigkeiten und ihre Motivation unter Beweis zu stellen. Lassen Sie sich bloß nicht darauf ein. Bestehen Sie vielmehr auf kleinschrittige Lernprozesse, die der Kollege erfolgreich bewältigen kann.

Gute Fragen

Ausnahmsweise zuerst ein Warnhinweis: Fragen Sie den nachhaltig Erfolglosen nicht nach Ursachen. Sie bekommen dann endlose Rechtfertigungen zu hören und der Kollege versteift sich in eine Abwehrhaltung, in der er für ein ernsthaftes, lösungsorientiertes Gespräch nicht erreichbar ist.

Stellen Sie stattdessen lösungs- und zukunftsorientierte Fragen:

- »Wie wollen Sie diese Art Aufgaben in Zukunft in den Griff bekommen?«
- »Was werden Sie tun, um eine Verbesserung Ihrer Leistungen zu erzielen?«
- »Wie können Sie dahin kommen, <benennen Sie hier konkrete und überschaubare Aufgaben> in Zukunft sicher zu beherrschen?«

Dauer

Ein ernsthafter Gesprächsprozess mit einem erfolglosen Mitarbeiter kann mehrere Gespräche erfordern. Treten Sie bestimmt auf, wahren Sie den persönlichen Respekt und verwenden Sie zukunftsorientierte Fragen. Es kann Ihnen gelingen, den Kollegen in 30-60 Minuten auf den Boden der Tatsachen zu holen. Folgegespräche, in denen es um konkrete Schritte geht, sollten einen Rahmen von 30 Minuten nicht überschreiten.

Abschluss

Ihr Gesprächsziel haben Sie erreicht, wenn der Mitarbeiter erkannt hat, dass er etwas verändern muss. Geben Sie ihm einige lösungsorientierte Fragen mit auf den Weg. Verabreden Sie einen zeitnahen Folgetermin, bis zu dem er sich überlegen soll, was er verbessern möchte.

Wenn 60 Minuten für das erste Gespräch nicht reichen, brechen Sie das Gespräch ab. Bitten den Mitarbeiter, die Sache zu überdenken und setzen einen zeitnahen Folgetermin an.

Dokumentation

Zu dem Gespräch erstellen Sie eine detaillierte Notiz. Es kann passieren, dass Sie Ihr Vorgehen mit diesem Mitarbeiter im weiteren Geschehen nachvollziehbar machen müssen. Dafür sollen Sie gerüstet sein!

Ermahnung

Anlass

Ein Mitarbeiter hat gegen betriebliche Regeln, Anweisungen seiner Führungskraft oder getroffene Vereinbarungen verstoßen. Der Verstoß ist schwerwiegend oder erfolgt zum wiederholten Male. Ihre Geduld ist erschöpft (im Unterschied zur *Intervention*) und Sie wollen dem Mitarbeiter dazu einen unmissverständlichen Hinweis geben. Sie möchten noch nicht so weit gehen, dem Mitarbeiter eine Kündigung anzudrohen (*Abmahnung*).

Voraussetzung

Eine Ermahnung ist arbeitsrechtlich zulässig, wenn der Mitarbeiter das Fehlverhalten zweifelsfrei gezeigt hat. Gegen eine zu Unrecht ergangene Ermahnung kann der Mitarbeiter mit Aussicht auf Erfolg vorgehen. Das wollen Sie sich nicht antun! Seien Sie also nicht »Staatsanwalt«, sondern »weiser Richter«, der den Beschuldigten anhört und bekanntlich »im Zweifel für den Angeklagten« entscheidet. Wenn es in Ihrem Unternehmen einen Betriebsrat bzw. Personalrat gibt, ist es ratsam, auch den zu hören.

Die Ermahnung liegt schriftlich vor und enthält präzise Angaben zu dem beanstandeten und zu ändernden Verhalten.

Ziele

Das übergeordnete Ziel ist es, den Mitarbeiter zu einer nachhaltigen Verhaltensänderung bewegen. Das Mittel der Ermahnung als förmliche Reaktion des Arbeitgebers und Vorstufe zur Abmahnung setzt ein deutliches Warnsignal, das in der Regel seinen Eindruck nicht verfehlt. Unmittelbares Gesprächsziel ist es, die Ermahnung dem Mitarbeiter zur Kenntnis zu bringen.

Herausforderung

In Worten, Emotion und Körpersprache den Ernst des Anlasses ausdrücken und zugleich vorsichtiger Optimismus signalisieren, dass der Mitarbeiter die Ermahnung beherzigen wird.

Vorgehensweise

Sprechen Sie die Ermahnung aus: »Herr XY, hiermit ermahne ich Sie in aller Form wegen <fraglicher Vorfall>. Ich fordere Sie auf, in der Zukunft in so einer Situation <erwünschtes Verhalten in positiver Handlungssprache> zu zeigen. Diese Ermahnung wird in Ihrer Personalakte dokumentiert. Wenn Sie Ihr Verhalten nicht ändern, kann es im nächsten Schritt zu einer Abmahnung mit Kündigungsandrohung kommen. Ich hoffe, das wird nicht nötig sein.«

Im Unterschied zur *Intervention* lassen Sie sich auf keinerlei Einwände und Diskussionen mehr ein. Es ist also ähnlich wie bei einer *Abmahnung*, nur noch nicht ganz so ernst.

Zu erwartende Einwände

Es sind alle Einwände und Ausreden wie bei der *Intervention* möglich. Heute gehen Sie darauf nicht mehr ein. Verweisen Sie den Mitarbeiter darauf, dass ihm sehr wohl bekannt ist, was von ihm erwartet wird.

Gute Fragen

Fragen nutzen Ihnen bei der Sachverhaltsklärung vorab. In dem eigentlichen Ermahnungsgespräch stellen Sie keine Fragen mehr.

Dauer

Ein Ermahnungsgespräch sollte nicht länger als 15 Minuten dauern.

Abschluss

Sie sprechen die Ermahnung aus und drücken Ihre Hoffnung aus, dass der Kollege sie ernst nimmt und sein Verhalten ändert. Dann beenden Sie das Gespräch.

Dokumentation

Die von Ihnen formulierte Ermahnung wird dem Mitarbeiter ausgehändigt und in der Personalakte abgelegt.

Ermunterung

Anlass

Ein Anfänger (= hohe Motivation, geringes Können) ist frustriert angesichts der Mühen seiner Aufgaben und dem geringen erzielten Erfolg. Auch ein erfahrener, sonst erfolgreicher Mitarbeiter kann angesichts neuer Herausforderungen in eine vergleichbare Lage kommen, oder durch zeitweise Formschwächen oder unglückliche Umstände frustrierende Misserfolge erzielen.

Voraussetzung

Der Mitarbeiter ist grundsätzlich motiviert, fähig und leistungsbereit, aber durch Mühen und Misserfolge etwas in Anspruch genommen. Echte Motivationsprobleme oder Unfähigkeit sind nicht mit einer Ermunterung zu lösen.

Ziele

Ihr Ziel ist es, den Mitarbeiter dabei zu unterstützen, die Rückschläge wegzustecken und die erforderliche Anstrengung aufzubringen, sich neue Erfolge zu erarbeiten. Der Mitarbeiter soll auch bemerken, dass Sie seine Bemühungen sehen und ihn unterstützen.

Herausforderung

Den Anlass bemerken und aufgreifen.

Vorgehensweise

Zeigen Sie Verständnis für die Frustration des Kollegen. Manche sachorientierten Führungskräfte glauben, diesen Schritt überspringen zu können. Damit reduzieren sie den Effekt des Gesprächs erheblich. Zeigen Sie Verständnis, es ist gar nicht schwer!

Drücken Sie Ihre unerschütterliche Überzeugung aus, dass der Mitarbeiter schon bald (wieder) auf der Straße des Erfolgs sein wird. Das ist die eigentliche Ermunterung, auf die Sie auch dann bestehen, wenn der frustrierte Mitarbeiter Einwände macht. Dabei kann eine nachvollziehbare Geschichte von jemandem, der es in vergleichbarer Situation geschafft hat, vielleicht sogar aus Ihrem eigenen Leben, Ihre Argumentation stützen.

Je nach Lage der Dinge können Sie dem Mitarbeiter in sinnvollem Rahmen Unterstützung anbieten.

Zu erwartende Einwände

- »Das können Sie doch gar nicht verstehen« Übersetzung: Bitte mehr Bedauern!
- »Das schaff ich nie!« Übersetzung: Bitte noch mehr Ermunterung!

Gute Fragen

Fragen Sie konkret nach den frustrierenden Umständen:

- »Es ist eine ganze Menge, was Sie in Ihrer Einarbeitung lernen müssen, nicht wahr?«
- »Das war bestimmt eine große Enttäuschung, dass der Kunde im letzten Moment abgesprungen ist, nicht wahr?«

Vermeiden Sie beim Ermunterungsgespräch zu offene Fragen, zum Beispiel »Wie geht es Ihnen denn heute?«. Das ist eine Einladung, Sie als Abfalleimer zu missbrauchen. Das wollen Sie nicht. Fragen Sie lieber: »Wie kann ich Sie unterstützen?«

Dauer

Ein Ermunterungsgespräch ist kurz, etwa 10-15 Minuten.

Abschluss

Schließen Sie das Gespräch mit einem ermunternden Ausblick auf die Zukunft.

Dokumentation

Erübrigt sich.

Eskalation

Anlass

Ein Thema, das eigentlich zum Aufgabenbereich des Mitarbeiters gehört, erfordert Ihre Aufmerksamkeit und Ihr Eingreifen. Die Eskalation kann von dem Mitarbeiter selber ausgehen, wenn er befürchten muss, seine Ziele nicht zu erreichen oder Risiken erkennt, die seine Entscheidungskompetenz übersteigen. Die Eskalation kann auch durch Dritte ausgelöst sein, zum Beispiel einen unzufriedenen Kunden, der sich an Sie als »Eskalationsinstanz« wendet.

Voraussetzung

Fordern Sie von dem Mitarbeiter, dass er das Gespräch vorbereitet und Sie schnell und kompakt über die wesentlichen Aspekte und Handlungsoptionen informiert. Relevante Unterlagen soll er zu dem Gespräch mitbringen.

Ziele

Das Eskalationsgespräch hat zwei Ziele. Erstens geht es darum, den Anlass der Eskalation unter Kontrolle zu bekommen. Dazu soll das Gespräch beitragen, zum Beispiel durch Erarbeitung einer passenden Vorgehensweise.

Und zweitens geht es darum, den Mitarbeiter in seiner Eigenschaft als »Problemeigentümer« wieder handlungsfähig zu machen und mit erneuerter Orientierung und Zielsetzung wieder in den Einsatz zu schicken.

Letzteres wird leicht übersehen. Wie kommt es dazu? Eskalationen tangieren die Zielerreichung der Führungskraft und stellen in jedem Fall beunruhigende und lästige Störungen dar. Die Versuchung ist für die Führungskraft groß, kurzerhand das Ruder zu übernehmen und dem Mitarbeiter mal zu zeigen, wie es geht. Das mag zu einer schnellen, guten Lösung führen. Oder auch nicht. So oder so steht der Mitarbeiter passiv daneben, ist allenfalls als Befehlsempfänger involviert. Die Verantwortung für den Vorgang dagegen hat der Chef übernommen. Der Mitarbeiter mutiert zum Beobachter und spätestens, wenn er beginnt, dem Chef für seine Aktionen Noten zu geben, sollte jede Führungskraft bemerken, dass etwas falsch gelaufen ist. Gerade unter schwierigen Umständen sollen Mitarbeiter zu eigenverantwortlichem Handeln in die Pflicht genommen werden. Nur so bleibt gesichert, dass der Mitarbeiter aktiv verantwortlich agiert und sich mit dem gewählten Vorgehen identifiziert. Nicht zuletzt schonen Sie Ihr eigenes Zeitbudget und behalten besser den Überblick, wenn Sie den Mitarbeiter unbeirrt in der Rolle des verantwortlichen »Problemeigentümers« belassen.

Herausforderung

Kühlen Kopf bewahren, den Mitarbeiter unterstützen und nicht aus der Verantwortung für die Situation entlassen.

Vorgehensweise

Zuerst müssen Sie den Anlass der Eskalation und die wesentlichen Fakten dazu verstehen. Wenn Sie glauben, die erforderlichen bzw. verfügbaren Informationen zu kennen, können Sie mit dem Mitarbeiter an die Problemlösung gehen. Dazu stellen Sie Fragen und lassen den Mitarbeiter schrittweise die Lösung entwickeln. Wenn diese Kontur annimmt, können Sie mit gezielten Hinweisen zur Verbesserung beitragen und Ihrerseits Unterstützung anbieten. Nur wenn der Mitarbeiter sich als komplett überfordert erweist und »kapituliert« oder nur unsinnige Ideen produziert, wechseln Sie Ihre Gesprächstaktik und geben direkt vor, wie der Mitarbeiter vorzugehen hat. In diesem Fall müssen Sie sich anschließend fragen, wie oft solche Fälle vorkommen, welche Bedeutung ihnen zukommt und gegebenenfalls, ob Sie da den richtigen Mitarbeiter an der richtigen Stelle einsetzen. Wenn gar wichtige Ziele, Projekte oder Kundenbeziehungen durch zu Tage tretende Unfähigkeit des Mitarbeiters gefährdet sind, kann schnelles Handeln angezeigt sein.

Eine offene Eskalation ist kein guter Zeitpunkt für Kritik, selbst wenn es dazu Anlass gibt. Der Mitarbeiter ist ohnehin verunsichert durch die Situation. Wenn Sie erleben wollen, dass er die Herausforderung trotzdem tapfer annimmt, sollten Sie ihm Mut machen und ihn unterstützen. Auch gute Mitarbeiter machen schon mal dumme Fehler. Und die besten Mitarbeiter tragen aktiv dazu bei, sie wieder auszuwetzen!

Zu erwartende Einwände

Wenn es Ihnen im Gesprächsverlauf gelingt, die Verantwortung für die Problemlösung beim Mitarbeiter zu belassen, bieten Sie nicht viel Angriffsfläche für Einwände. Wenn Sie sich dagegen gezwungen sehen, das Vorgehen vorzugeben, müssen Sie mit den jeweils in der Situation naheliegenden Einwänden und Ausreden rechnen.

Gute Fragen

Zunächst benötigen Sie die üblichen Fragen zur *sachlichen Klärung*.

- »Bitte schildern Sie den Hergang!«
- »Wann genau ist das passiert?«
- »Wie hat der Kunde reagiert?«

In der nächsten Gesprächsphase fragen Sie nach Lösungsansätzen.

- »Welche Lösungsmöglichkeiten sehen Sie?«
- »Welcher mögliche Ansatz scheint Ihnen der sinnvollste?«
- »Was schlagen Sie vor, wie <ein bestimmter Aspekt> berücksichtigt werden sollte?«
- »Wie werden Sie <eine bestimmte Schwierigkeit> lösen?«
- »Wie kann ich Sie dabei unterstützen?«

Dauer

Ein vom Mitarbeiter gut vorbereitetes Eskalationsgespräch unter vier Augen darf ca. 60 Minuten dauern. Wenn die Sachlage komplexer ist und weitere Mitarbeiter zugezogen werden müssen, entsprechend länger. Klären Sie den erforderlichen Zeitrahmen zu Beginn des Gesprächs. Alternativ sollten Sie gleich mehrere Termine ins Auge fassen.

Abschluss

Wichtig: Beenden Sie das Gespräch mit einer Ermunterung, die dem Mitarbeiter zeigt, dass Sie hinter ihm stehen!

Dokumentation

Eine Dokumentation ist fast immer erforderlich. Die Form richtet sich nach dem sachlichen Anlass.

Feedback für die Führungskraft

Anlass

Manchmal gibt es einen konkreten Anlass, Feedback einzuholen. Um sich von Ihren Mitarbeitern ein generelles Feedback zu holen, braucht es keinen aktuellen Anlass, sondern nur die Überzeugung, dass Sie selbst davon enorm gewinnen können. Versuchen Sie es mal! Am besten beginnen Sie mit Ihren leistungsfähigsten Mitarbeitern!

Manchmal erreicht Sie anonymes Feedback in Ihrer Rolle als Führungskraft, etwa im Rahmen einer Mitarbeiterbefragung oder wenn sich jemand anonym über Sie beschwert. Anonyme Beschwerden sind Machtspiele der vermeintlich Machtlosen. Anonymität bedeutet, dass der Beschwerdeführer für seine Worte keine Verantwortung übernimmt. Gerechtfertigt wird das damit, dass der Mitarbeiter sonst von Ihrer Seite Nachteile zu befürchten hätte. Stimmt das? In nicht wenigen Unternehmen und bei nicht wenigen Chefs ist so etwas wohl leider zu befürchten. Aber ist es wirklich die Lösung, wenn zusätzlich noch die Mitarbeiter zu Machtspielen eingeladen werden? Wie auch immer – als Führungskraft müssen Sie mit anonymem Feedback rechnen, oft dann, wenn Sie es am wenigsten gebrauchen können. Deshalb sollten Sie schon vorher wissen, wie Ihre Mitarbeiter, und ganz besonders Ihre Leistungsträger, Sie wahrnehmen!

Voraussetzungen

Sie müssen bereit sein, durch eigene Verhaltensänderungen zur Verbesserung der Beziehung und der Zusammenarbeit mit dem Mitarbeiter beizutragen.

Der Mitarbeiter sollte bereit sein, Ihnen ein Feedback zu geben. Das ist in der Regel kein Problem. Trotzdem: Bitten Sie den Mitarbeiter um das Gespräch! Und bitten Sie ihn, sich darauf anhand konkreter Fragen vorzubereiten. Dafür können Sie den Fragebogen verwenden, den Sie auf meiner Website finden: www.top-managementberatung.de/buch-erfolgreiche-mitarbeitergespraeche/. Sie können das Feedback auch im Rahmen eines ausführlichen *Jahresgesprächs* einholen.

Ziele

Mittels Feedback erkennen Sie, wie Ihr Verhalten in der Führungsrolle auf diesen Mitarbeiter wirkt. Dabei erkennen Sie eigene Stärken und Schwächen und die

Bedürfnisse der Mitarbeiter genauer und können die Zusammenarbeit entsprechend verbessern.

Herausforderung

Wenn das Feedback ehrlich ist, kommen auch Ihre Fehler und Schwächen zur Sprache. Da müssen Sie dann zu stehen. Außerdem bekommen Sie manchmal auch Unsinn geduldig anhören und müssen sich dafür noch höflich bedanken.

Vorgehensweise

Gehen Sie die Fragen und vom Mitarbeiter vorbereiteten Antworten Schritt für Schritt durch. Bei Verständnislücken fragen Sie aktiv nach. Verteidigen Sie sich nicht gegen kritische Hinweise des Mitarbeiters. Nehmen Sie das Feedback an, so wie es ist. Es handelt sich um die Wahrnehmung dieses Mitarbeiters, nicht mehr und nicht weniger. Was Sie daraus machen, können Sie sich hinterher in Ruhe überlegen.

Gute Fragen

- »Was gefällt Ihnen gut in der Zusammenarbeit mit mir als Führungskraft?«
- »Haben Sie den Eindruck, dass ich Ihre persönliche Leistung wahrnehme und wertschätze?«
- »Fühlen Sie sich bei Ihren Aufgaben ausreichend unterstützt von mir?«
- »Glauben Sie, dass ich mich für Sie als Person interessiere?«
- »Haben Sie den Eindruck, dass ich Ihre aufgabenbezogenen Stärken und Schwächen kenne?«
- »Fühlen Sie sich bei der Entwicklung Ihrer beruflichen Fähigkeiten von mir ausreichend unterstützt?«
- »Bei welchen Aufgaben wünschen Sie sich einen engeren Kontakt mit mir?«
- »Bei welchen Aufgaben wünschen Sie sich mehr eigenen Entscheidungsspielraum?«
- »Welche bisher nicht erwähnten Wünsche haben Sie für eine bessere Zusammenarbeit mit mir?«

Die Frageliste steht Ihnen als Fragebogen zur Verfügung unter: www.top-managementberatung.de/buch-erfolgreiche-mitarbeitergespraeche/

Dauer

Ein vorbereitetes Feedback für Sie sollte nicht länger als etwa 20 bis 30 Minuten in Anspruch nehmen.

Abschluss

Bedanken Sie sich für das Feedback und beenden Sie das Gespräch.

Dokumentation

Machen Sie sich Notizen während und nach dem Gespräch. Niemand kann sich alle wichtigen Details zuverlässig merken. Und in diesem Fall sind für Sie gerade die Details so nützlich!

Feedback für den Mitarbeiter

Anlass

Geben Sie Feedback, wenn Sie den Mitarbeiter bei einem Arbeitsvorgang beobachtet haben, wenn Sie darum gebeten werden oder wenn Sie glauben, dass es sonst nützlich ist. Bezugspunkt sind immer Ihre konkreten Beobachtungen. Beachten Sie die *Feedbackregeln für Führungskräfte.*

Voraussetzung

Sie benötigen eine klare, konkrete Vorstellung davon, was Sie von dem Mitarbeiter in einer Situation wie der beobachteten erwarten und Sie müssen ihn diesbezüglich präzise beobachtet haben. Feedback soll zeitnah erfolgen. Zeitnah ist jetzt, heute oder morgen. Spätestens nach zwei Wochen reden wir nicht mehr über Feedback, sondern über »alte Kamellen«, wenn nicht gar über »Nachkarten«.

Ziele

Ziel Ihres Feedbacks ist es, dem Mitarbeiter anhand frischer Ereignisse und Beobachtungen im Detail aufzuzeigen, wo er in der Entwicklung bestimmter Aspekte seiner Arbeitsweise steht. Der Mitarbeiter soll sich seiner positiven Fähigkeiten bewusst werden. Seine Anstrengungen und Erfolge sollen gewürdigt werden. Er soll Fehler und Mängel als solche erkennen und zukünftig vermeiden. Und er soll motiviert werden, weiteres Entwicklungspotential als positive Herausforderung anzunehmen. (Feedback-von-Führungskräften-Regel 4: Das Feedback soll wohlwollend und hilfreich sein, siehe *Feedbackregeln für Führungskräfte.*) Das Gesprächsformat verbindet also Elemente der Anerkennung und der Intervention aus konkretem Anlass in einem Format.

Herausforderung

Präzise Beobachtung und genaue Mitteilung sind erforderlich. Wenn dem Mitarbeiter das Feedback nicht zusagt, kann es zu Diskussionen kommen.

Vorgehensweise

Zur Vorbereitung notieren Sie sich die wichtigsten Beobachtungen, die Sie ansprechen wollen. Im Gespräch fragen Sie den Mitarbeiter zunächst nach seiner eigenen Wahrnehmung des Arbeitsvorgangs und der erzielten Resultate. Regen

Sie ihn durch Fragen zu differenzierter Selbsteinschätzung an. Anschließend geben Sie Ihre eigenen Beobachtungen wieder, wobei Sie sich auf die Eindrücke des Mitarbeiters teils bestätigend teils korrigierend beziehen. Beachten Sie dabei die *Feedbackregeln für Führungskräfte!*

Zu erwartende Einwände

Bei kritischen Hinweisen müssen Sie mit *Einwänden* und *Ausreden* rechnen. Durch eine wertschätzende und wohlwollende Gesprächsatmosphäre entziehen Sie diesen Widerständen vorbeugend Energie.

Gute Fragen

- »Wie haben Sie sich selbst in dieser Situation erlebt?«
- »War der Kunde (oder wer immer beteiligt war) mit dem Verlauf und dem Ergebnis zufrieden?«
- »Fiel es Ihnen leicht, dieses wichtige Zwischenergebnis zu erreichen?«
- »Wie kam es, dass dieser Schritt nicht gleich geklappt hat?«
- »Sind Sie mit dem Verlauf und dem Resultat zufrieden?«

Dauer

Ein Feedback von der Führungskraft sollte zwischen 15 und 30 Minuten dauern.

Abschluss

Beenden Sie das Gespräch, wenn zu dem Gesprächsanlass alles gesagt ist. Lassen Sie sich abschließend ein Feedback zu dem Gespräch geben. Konnte Ihr Gesprächspartner mit Ihrem Feedback etwas anfangen? Bedanken Sie sich und wünschen Sie dem Mitarbeiter weiterhin viel Erfolg.

Dokumentation

Notieren Sie sich die Hauptpunkte Ihres Feedbacks an den Mitarbeiter. Sie können dann später vergleichend Fortschritte verfolgen und bei einer späteren Beurteilung auf das jetzige Gespräch Bezug nehmen.

Gehalt oder Eingruppierung

Anlass

In vielen Unternehmen finden Gehaltsgespräche nach Regeln und in bestimmten Intervallen statt. In tarifgebundenen Unternehmen wird die eigentliche Gehaltsverhandlung zwischen den Tarifparteien kollektiv ausgetragen. Nur Veränderungen in der tariflichen Eingruppierung der einzelnen Mitarbeiter sind Gegenstand von individuellen Gesprächen. In tarifungebundenen Unternehmen und mit außertariflichen Mitarbeitern wird im Prinzip alles individuell ausgehandelt. Dort haben Führungskräfte mehr Gestaltungsmöglichkeiten und sind zeitlich erheblich mehr eingespannt mit den vielen individuellen Gesprächen. Im Folgenden gehe ich in der Darstellung vom tarifungebundenen Szenario aus. Für Eingruppierungsgespräche im Tarifbereich sind die Überlegungen mit gewissen Einschränkungen übertragbar.

Exkurs: Welche Gründe haben Arbeitgeber, einer Gehaltserhöhung zuzustimmen?

Was sind aus Arbeitgebersicht triftige Gründe, einer Gehaltserhöhung zuzustimmen?

Ein Inflationsausgleich sowie eine Teilhabe der Arbeitnehmer am allgemeinen Produktivitätszuwachs gelten als legitime Gründe für moderate, allgemeine Erhöhungen der Tarifgehälter (Prinzip Gießkanne). Die konkrete Höhe ist Verhandlungssache zwischen den Tarifpartnern. Lediglich dann, wenn die individuelle Eingruppierung der Mitarbeiter verhandelt wird, oder wenn es um leistungsbezogene Prämien geht, sind Sie gefordert. Anders verhält es sich im nicht-tarifgebundenen Bereich. Hier gelten im Prinzip die gleichen Überlegungen. Da alles individuell vereinbart wird, sind Sie als Führungskraft erheblich mehr gefordert, mit Ihren Mitarbeitern zu sprechen und das unvermeidliche Konfliktpotenzial unter Kontrolle zu halten.

Der typische Anlass für eine deutlichere individuelle Gehaltserhöhung bzw. eine tarifliche Höhergruppierung ist eine nachhaltige Leistungsverbesserung des Arbeitnehmers (Prinzip Leistung lohnt sich). Der Arbeitgeber erhält mehr und möchte das angemessen honorieren, teils aus Fairness, teils, um nicht im Wettbewerb um gute Mitarbeiter ins Hintertreffen zu geraten. Unterbezahlte Mitarbeiter sind für die Konkurrenz leicht abzuwerben. Eine nachhaltige

Leistungsverbesserung des Mitarbeiters gegebenenfalls festzustellen ist Teil Ihrer Aufgabe als Führungskraft. Ihnen kommt also in dieser Situation eine entscheidende Rolle zu.

Ein gar nicht so seltener Sonderfall liegt vor, wenn ein Mitarbeiter, gemessen am Marktüblichen, unterbezahlt ist. Das gereicht dem Arbeitgeber kurzfristig zum Vorteil, ist aber mit erheblichen Gefahren verbunden. Unterbezahlung, wenn sie dem Mitarbeiter bewusst wird, untergräbt die Motivation und die Loyalität zum Arbeitgeber und kann den Mitarbeiter veranlassen, zur Konkurrenz zu wechseln. Wenn unter den Mitarbeitern allgemein der Eindruck entsteht, dass es bei der Bezahlung nicht gerecht zugeht, kann die Motivation und Loyalität vieler Mitarbeiter beschädigt werden. Als Führungskraft werden Sie also Ihre Spielräume nutzen, Unterbezahlung zu reparieren und vorbeugend zu vermeiden.

Im nicht-tarifgebundenen Bereich müssen Sie als Führungskraft diese verschiedenen Anlässe für Gehaltserhöhungen – den Inflationsausgleich mit seiner leistungsneutralen Gießkannenlogik und die individuelle, leistungsbezogene Gehaltssteigerung – in eine Gehaltsstrategie für Ihren Bereich bringen.

Ein Thema für sich sind variable, erfolgsabhängige Gehaltsbestandteile (Boni, Prämien). Einige Tarifverträge sehen vor, dass die Ausschüttung einer Prämie vom Ergebnis einer *Beurteilung* durch die Führungskraft abhängig gemacht wird.

Voraussetzung

Ein Gehaltsgespräch ist eine Verhandlung. Um zum Erfolg zu kommen, müssen Sie vorher Ihre Hausaufgaben gemacht haben.

Ihren Handlungsspielraum haben Sie geklärt

Auch tarifungebundene Unternehmen kennen Regeln zu Gehaltsthemen. Im tarifgebundenen Bereich ist die Zahl der Stellen, für die Höhergruppierungen in Frage kommen, begrenzt. Ihr Bereich hat ein Budget. Und möglicherweise hat Ihr Chef noch einmal ganz spezielle Vorstellungen zur Gehaltsentwicklung. Das alles haben Sie vorab geklärt und wissen, wie viel Budget Sie an Ihre Mitarbeiter verteilen dürfen. Es sollte also ausgeschlossen sein, dass Ihre Chefs Ihre Vereinbarungen mit den Mitarbeitern nachträglich korrigieren.

Ihre Strategie ist definiert

Welcher Mitarbeiter hat durch seine Leistung dieses Jahr eine deutliche Gehaltserhöhung verdient? Wer sollte diesmal nur einen Inflationsausgleich bekommen? Wer sollte noch nicht einmal das bekommen, weil er im Vergleich zu anderen sowieso überbezahlt ist? Diese Fragen haben Sie zunächst für sich geklärt. Jedem Mitarbeiter haben Sie einen Zielkorridor (Min/Max) für das Gehaltsgespräch zugeordnet. In Summe passt das Bild zu Ihrem Budget und etwas Puffer für schwierige Verhandlungen haben Sie noch in Reserve.

Sie kennen Ihre Mitarbeiter

Sie kennen das aktuelle Leistungsvermögen des Mitarbeiters und seinen Wert für das Unternehmen und haben aus Ihrer Sicht einen marktgerechten Zielkorridor für das Gehalt des Mitarbeiters bestimmt.

Außerdem sollten Sie sich vergegenwärtigen, welche materiellen und immateriellen Faktoren aus Sicht des Mitarbeiters neben dem Gehalt das Unternehmen attraktiv machen: Interessante Arbeitsaufgaben, Unternehmens- und Führungskultur, kooperative und fähige Kollegen, gute Unternehmensreputation, Weiterbildungsmöglichkeiten, Arbeitsplatzausstattung, Firmenwagen, Firmenhandy, Arbeitszeiten, Kantine, Urlaubsregelungen, Sozialleistungen – all das geht ja neben dem Gehalt in die Bewertung des Arbeitgebers durch den Mitarbeiter mit ein. Wenn Ihr Unternehmen in diesen Bereichen erfolgreich investiert hat, dürfen Sie das als Argument im Gehaltsgespräch ins Spiel bringen.

Schließlich gibt es eine individuelle Gehaltshistorie. Wer letztes Jahr gut weg gekommen ist, dem kann man dieses Jahr Zurückhaltung abverlangen; und umgekehrt. Daraus ergibt sich je nach Lage für die eine oder die andere Seite Argumentationsmaterial, mit dem Sie sich vor dem Gespräch vertraut machen sollten.

Ihre Mitarbeiter haben eine realistische Einschätzung ihres eigenen Leistungsvermögens

Diese Voraussetzung müssen Sie sich erarbeiten. Wenn Sie Ihre Mitarbeiter in ihrer persönlichen Entwicklung begleiten, Ihnen Feedback geben und in Personalentwicklungs- oder Jahresgesprächen mit ihnen gemeinsam die weitere Entwicklung planen, dann kennen nicht nur Sie die Stärken und Schwächen Ihrer Leute, sondern die Mitarbeiter wissen selber genau wo sie stehen und dass sie

Ihnen nichts vormachen können. Das ist eine gute Voraussetzung für ein einvernehmliches Ergebnis im Gehaltsgespräch!

Ihre Mitarbeiter wissen, wie gut sie es im Unternehmen und mit Ihnen haben

Auch diese Voraussetzung müssen Sie sich erarbeiten. Geld ist wichtig, aber nicht alles im Leben. Wirklich motivierend sind andere Dinge: Erfolge, Anerkennung durch die Führungskraft und die Kollegen, das Gefühl, Teil eines starken Teams zu sein, die Erfahrung sich zu entwickeln und wachsenden Herausforderungen gewachsen zu sein. Wie motivierend ist der Arbeitsplatz Ihrer Mitarbeiter? Und wie klar ist den Mitarbeitern, wie gut es ihnen bei Ihnen geht? Durch gute Führung erarbeiten Sie sich eine nachhaltig gute Ausgangsposition für die Gehaltsgespräche mit Ihren Mitarbeitern!

Ziele

Hauptziel ist es, mit dem Mitarbeiter in gutem Einvernehmen ein angemessenes Gehalt für die nähere Zukunft zu vereinbaren.

Ausdrücklich nicht Ziel ist es, den Mitarbeiter durch eine Gehaltserhöhung zu motivieren. Gehalt ist kein Motivationsfaktor. Ein vom Mitarbeiter als nicht leistungs- und marktgerecht wahrgenommenes Gehalt dagegen ist ein starker Demotivator. Gehalt kann, wenn es als unzureichend empfunden wird, demotivieren, aber nicht umgekehrt positiv motivieren. Es wird deswegen nach Frederick Herzberg als »Hygienefaktor« bezeichnet.

Auch ein als unfair oder übertrieben taktisch erlebtes Gehaltsgespräch nagt an der Motivation des Mitarbeiters. Deshalb ist es ein weiteres wichtiges Ziel, das Gespräch unfallfrei und zügig zum Ergebnis zu bringen.

Herausforderung

Im Gehaltsgespräch verfolgen Sie als Arbeitgebervertreter ein anderes Interesse als der Mitarbeiter. Sie müssen »Nein« sagen können. Manchmal reicht auch »Nein, das ist nun wirklich zu viel«. Sie müssen innerlich bereit sein, auch einen guten Mitarbeiter ziehen zu lassen, wenn er überspannte Gehaltsvorstellungen entwickelt.

Vorgehensweise

Das Gehaltsgespräch ist eine Verhandlung. Im Folgenden kann ich Ihnen aus meiner Erfahrung zwei alternative Gesprächsstrategien empfehlen.

Die Basisstrategie – das faire Angebot

Mit Mitarbeitern, die über eine realistische Selbstwahrnehmung verfügen und für die das Gehalt nur ein wichtiger Faktor neben anderen ist, habe ich mit dieser einfachen Taktik gute Erfahrung gemacht: Machen Sie ein faires Angebot in der unteren Hälfte Ihres Zielkorridors und streben ein schnelles, einvernehmliches Gesprächsende an, wenn erforderlich mit kleinen Zugeständnissen. Wenn Ihr Angebot wirklich fair ist, werden Sie in den meisten Fällen eine schnelle, einvernehmliche Lösung haben. In den übrigen Fällen wechseln Sie zur zweiten Taktik:

Strategie Nummer Zwei: Den Mitarbeiter kommen lassen

Wenn Sie den Mitarbeiter noch nicht einschätzen können, oder wenn Sie schon wissen, dass es ein schwieriges Gespräch wird, ist es ratsam, zuerst den Mitarbeiter nach seinen Vorstellungen zu befragen. Je nach dem, was Sie zu hören bekommen, können Sie einwilligen und dann ist es ein kurzes, einvernehmliches Gespräch.

Alternativ können Sie sagen »das ist viel zu viel« und den Mitarbeiter auffordern, seine Ansprüche zu dämpfen. Der Mitarbeiter wird ein Gegenangebot fordern und Sie können sich so positionieren, dass man sich anschließend auf einen Kompromiss einigen wird, der in Ihrem Zielkorridor liegt.

Beispiel: Angenommen, ein guter Mitarbeiter, dem nach Ihrer Bewertung eine spürbare Gehaltserhöhung zusteht, verdient 2.500 € im Monat und wünscht eine Erhöhung um 300 €. Sie: »Holla, das sind ja mehr als 10%! Wie soll ich das denn vertreten? Ich sehe ja Ihre Leistung und will Ihnen entgegenkommen. Was ich mir vorstellen kann, sind 100 €, was halten Sie denn davon?« Anschließend lassen Sie sich als Kompromiss eine Gehaltserhöhung um 150, 180 oder 200€ abringen.

Manchmal ist es also ein Basar. Und egal, wie gut Sie Ihre Mitarbeiter führen: Es gibt immer Kollegen, die würden es sich niemals verzeihen, nicht »hart« mit Ihnen um das Gehalt gerungen zu haben.

Wenn der Mitarbeiter mehr will

Wenn der Mitarbeiter auf Gehaltsforderungen besteht, die Ihren Zielkorridor definitiv sprengen, dann gibt es zwei Möglichkeiten: Entweder er konnte Ihnen dazu gute Argumente verkaufen oder nicht. Im ersten Fall sollten sie für diese Fälle noch eine dispositive Reserve eingeplant haben. Ich meine das so, denn diese Fälle kommen vor. Andernfalls möchte der Kollege schlicht und einfach mehr nehmen als geben. Der Versuch ist zulässig und Sie sollten nicht darauf eingehen. Leute, die mit überreiztem Blatt gewinnen, werden das nächste Mal noch höher reizen.

Ergänzend noch einige Hinweise zu speziellen Herausforderungen.

Plötzliche Gehaltsforderungen

Selbst »pflegeleichte« Mitarbeiter werden bisweilen in Unruhe versetzt, wenn sie glauben erfahren zu haben, dass jemand mit vermeintlich vergleichbarem Leistungsvermögen irgendwo anders deutlich mehr verdient. Aus heiterem Himmel werden Sie dann um ein Gehaltsgespräch gebeten. Manchmal handelt es sich um kaum belegbare Tresen-Geschichten, die Sie anzweifeln dürfen. Andererseits ist in einer Marktökonomie statistisch zu erwarten, dass es immer irgendwo einen Arbeitgeber gibt, der gerade Gründe hat, etwas mehr zu zahlen. Die Höhe eines marktgerechten Gehalts wird nicht durch einzelne Ausreißer, sondern durch die große Mehrzahl der Arbeitsverhältnisse in dem betreffenden Segment bestimmt. Und da braucht Ihr Unternehmen, so hoffe ich, sich nicht zu verstecken. Ihre Aufgabe besteht in diesen Fällen darin, den Mitarbeiter darin zu unterstützen, die erfahrenen Informationen realistisch einzuordnen. Sofern Ihr Unternehmen eine jahreszeitlich fixierte »Gehaltsrunde« kennt, verweisen Sie den Mitarbeiter auf den nächsten Termin. Die zeitliche Eingrenzung der mit der Gehaltsrunde verbundenen Beunruhigung ist unbedingt zu empfehlen!

Mitarbeiter droht mit Kündigung

Was ist, wenn Mitarbeiter mit Kündigung drohen oder gar ein hoch dotiertes Vertragsangebot eines anderen Arbeitgebers eingeholt haben? Wenn Sie sich bezüglich des Marktwerts des Mitarbeiters und Ihres vertretbaren Handlungsspielraums sicher sind, dann handelt es sich seitens des Mitarbeiters um eine Fehleinschätzung oder einen Bluff oder er konnte sich andernorts über Wert verkaufen. In jedem Fall ist das kein Anlass, durch übertriebene Zugeständnisse das Unternehmen zu beanspruchen und dabei noch die Gehaltsstruktur durcheinander zu bringen. Es ist ein Verlust, einen fähigen Mitarbeiter zu verlieren. Durch Nachgeben wird aber nichts besser. Im Gegenteil, es ist zu erwarten, dass der Kollege im Erfolgsfall das gleiche Manöver bei nächster Gelegenheit wiederholt. »Wer nur wegen des Geldes kommt, der geht auch wegen des Geldes«, sagt mein Kollege Bruno Rommert dazu.

Mitarbeiter nutzt Abhängigkeit für Erpressungsmanöver

Was ist, wenn Sie und das Unternehmen kurzfristig faktisch von dem Mitarbeiter abhängig sind und der Mitarbeiter diese Abhängigkeit skrupellos ausreizt, um ein völlig überzogenes Gehalt zu fordern? Auch Arbeitgeber können in die innere Kündigung gehen. Wenn die Abhängigkeit real ist und der Schaden groß wäre, dann bleibt Ihnen nichts anderes übrig und Sie lassen sich in zähen Verhandlungen eben ein Stück weit erpressen. Anschließend ergreifen Sie alle erforderlichen Maßnahmen, um die Abhängigkeit zu reduzieren und setzen den betreffenden Mitarbeiter nicht mehr für neue Aufgaben mit »Abhängigkeitspotential« ein. In zukünftigen Gehaltsrunden geht der Kollege leer aus, bis sein Gehalt wieder in Balance mit den übrigen Kollegen ist. Dieses Vorgehen führt in der Mehrzahl der Fälle dazu, dass der Kollege von sich aus das Unternehmen verlässt, aber erst zu einem Zeitpunkt, zu dem sich der Schaden in Grenzen hält.

Gehaltsgespräche nie mit Beurteilung mischen

Grundsätzlich sollten Sie das Gehaltsgespräch nie mit einem Beurteilungsgespräch verbinden und zwischen beiden Gesprächsanlässen maximalen Abstand (ca. sechs Monate) wählen. Betriebswirte mag dieser Rat verwundern. Ist es doch unbezweifelbar, dass das faire Gehaltsniveau (der »Preis« des Mitarbeiters) gerade auf einer zuverlässigen Beurteilung der Fähigkeiten und Leistungen des Mitarbeiters beruht, nicht wahr? Und doch folgen im Erleben des Mitarbeiters das Personalentwicklungsgespräch und die Gehaltsverhandlung völlig unterschied-lichen, tendenziell gegensätzlichen Logiken.

Das Personalentwicklungsgespräch folgt einer »Wir«-Logik. Der Mitarbeiter vertraut sich dem Unternehmen und insbesondere der Führungskraft an, in der Erwartung ein faires Feedback und eine konstruktive Begleitung seiner persönlichen Entwicklung zu erhalten. Nur im offenen Umgang auch mit eigenen Grenzen und Schwächen wird er optimalen Nutzen daraus ziehen. Das Gehaltsgespräch dagegen folgt einer »Ich oder Du«-Logik. Bestimmte Beträge fließen anschließend auf das Konto des Mitarbeiters oder nicht. In einer solchen Situation ist ein offenes Gespräch über eigene Schwächen ziemlich viel verlangt.

Ein Beurteilungs- oder Jahresgespräch, das weit vom Gehaltsgespräch entkoppelt ist, bietet dagegen die Chance, den Mitarbeiter bei der Erarbeitung einer realistischen Selbstwahrnehmung zu unterstützen, die Entwicklungschancen aufzeigt und Selbstüberschätzungen vorbeugt. Mit Mitarbeitern, die wissen, wo sie stehen, sind die späteren Gehaltsgespräche einfacher.

Eine theoretische Begründung für diesen Rat ermöglicht der Bezug auf Frederick Herzberg[10]: Geld ist ein Hygienefaktor, Personalentwicklung ist ein Motivationsfaktor. Beides ist wichtig und kann am besten zu seinem Recht kommen, wenn es nicht mit dem anderen vermengt wird.

Zu erwartende Argumente und Einwände

- »Meine Leistung hat sich sehr verbessert und ich habe wichtige Erfolge erzielt.«
- »Ich brauche mehr Geld.«
- »Der Kollege XY verdient mehr als ich und leistet weniger.«
- »Die Firma XY zahlt für vergleichbar qualifizierte Mitarbeiter deutlich mehr.«
- »Ich kenne jemanden, oder habe von jemandem gehört, der verdient in einem gleichartigem Job viel, viel mehr als ich.« (siehe oben)

Gute Fragen

Erkundigen Sie sich nach den Zielen des Mitarbeiters:

- »Welche Erwartung haben Sie zum Thema Gehaltserhöhung dieses Jahr?«
- »Welche Bedeutung hat für Sie das Thema Gehalt im Vergleich zu anderen Qualitätsmerkmalen eines Arbeitgebers?«

Mitarbeiter verfügen über sehr viel lückenhaftere Informationen zum marktgerechten Gehaltsniveau als Sie. Deshalb sitzen sie leicht Fehleinschätzungen auf. Nutzen Sie Fragen, um den Mitarbeiter in zweifelhaften Gewissheiten zu erschüttern:

---

10 Herzberg, Frederick et.al., The Motivation to work, New York 1959

- »Woher haben Sie diese Information?«
- »Wieso sind Sie sich da so sicher?«

Erkundigen Sie sich abschließend nach der Zufriedenheit des Mitarbeiters mit der getroffenen Vereinbarung: »Sind Sie mit dem Resultat zufrieden?«

Dauer

Ein »normales« Gehaltsgespräch darf sehr schnell gehen und sollte nicht länger als 30 Minuten dauern. Wenn das Gespräch zur Pokerparty ausartet, dürfen Sie nach 30 Minuten unter Verweis auf Ihren Zeitplan abbrechen.

Abschluss

Zum Abschluss drücken Sie Ihre Zufriedenheit mit der erfolgten Einigung aus, bedanken sich für die Verständigungsbereitschaft des Mitarbeiters und freuen sich auf die weitere erfolgreiche Zusammenarbeit.

Wenn der Mitarbeiter zu einer Einigung im Rahmen Ihres Zielkorridors nicht bereit war, wiederholen Sie Ihr letztes Angebot und bitten ihn, sich das noch einmal durch den Kopf gehen zu lassen.

Dokumentation

Notieren Sie sich immer alle wichtigen Details eines Gehaltsgesprächs.

Intervention

Anlass

Sie haben beobachtet, dass ein Mitarbeiter etwas Wichtiges unterlassen hat oder etwas Falsches getan hat und Sie möchten, den Mitarbeiter veranlassen, dieses Verhalten umgehend zu verändern.

Voraussetzung

Sie haben das fragliche Verhalten zweifelsfrei beobachtet bzw. davon zuverlässig Kenntnis erlangt.

Ziele

Sie möchten den Mitarbeiter veranlassen, das betreffende Verhalten umgehend zu verändern. Idealerweise sollte der Mitarbeiter Ihnen aus eigener Einsicht folgen. Zugleich wollen Sie dem Mitarbeiter aufzeigen, dass es dem Unternehmen und Ihnen persönlich wichtig ist, dass er dieser Einsicht im Alltag tatsächlich folgt. Wenn erforderlich, wollen Sie dem Kollegen aufzeigen, dass es Konsequenzen haben wird, wenn er an der störenden Verhaltensweise festhält.

Herausforderung

Sie greifen korrigierend ein. In Worten, Emotionen und Körpersprache muss deutlich sein, dass Sie das wirklich so meinen.

Vorgehensweise

Das Verhalten des Mitarbeiters kann sehr unterschiedliche Gründe haben. Die wichtigsten sind:

Unfähigkeit: Der Mitarbeiter kann das gewünschte Verhalten nicht zeigen, weil es ihm am erforderlichen Wissen oder bestimmten Fähigkeiten dazu mangelt. Möglicherweise versteht er deshalb auch nicht die Bedeutung. Sofern dies der einzige Grund ist, aus dem der Mitarbeiter das unerwünschte Verhalten zeigt, orientieren Sie sich bitte an dem Vorgehen für ein *Anleitungsgespräch*.

Unverstand: Er ist in der Lage, das gewünschte Verhalten zu zeigen, versteht aber nicht, wieso das betrieblich erforderlich ist oder hält das Thema für nicht so wichtig. Lösungsansatz: Belehrende Intervention.

Überforderung: Der Mitarbeiter bekommt seine Aufgaben insgesamt nicht in den Griff und hat eine fragwürdige Priorisierung vorgenommen. Lösungsansatz: Steuerung.

Nachlässigkeit: Er versteht zwar die Gründe und die Bedeutung, ist aber nicht bereit, die erforderlichen Anstrengungen zu erbringen. Lösungsansatz: *Ermahnung*, in hartnäckigen Fällen: *Abmahnung*.

Sofern Unverstand, Überforderung oder Nachlässigkeit im Spiel ist, sind Sie hier richtig. Die genannten Hintergründe bekommen Sie mit dem folgenden Gesprächsvorgehen in den Griff.

Schritt 1 - Sachverhaltsklärung

Vergewissern Sie sich fragend, dass der Mitarbeiter tatsächlich das unerwünschte Verhalten gezeigt hat. »Herr A, ich habe beobachtet / mir ist zu Ohren gekommen, dass Sie … . Das ist doch zutreffend, nicht wahr?« Wenn der Mitarbeiter dies abstreitet, müssen Sie den Vorwurf nachvollziehbar belegen oder zurückziehen. Auf jeden Fall führen Sie eine Klärung herbei, ob der Mitarbeiter die kritische Verhaltensweise zugibt oder nicht. Manche Mitarbeiter werden einen Fehler so lange wie möglich leugnen. Für Sie ist es nicht entscheidend, den Mitarbeiter zu »erwischen«. Ihr Ziel ist in diesem Moment nicht, Konsequenzen zu ziehen, sondern eine Verhaltensänderung des Mitarbeiters auszulösen. Oft reicht dafür schon die Botschaft: »Der Chef hat es irgendwie mitbekommen, und er ist nicht amüsiert!«

Schritt 2 - Fähigkeiten überprüfen und Erwartungen klären

Unabhängig davon, wie der erste Schritt ausgegangen ist, gehen Sie dazu über, sich der Kenntnisse, Fähigkeiten und Einstellungen des Mitarbeiters zu vergewissern. Befragen Sie den Mitarbeiter zu seinem Vorgehen in bestimmten Situationen, in denen das von Ihnen gewünschte Verhalten angezeigt ist. Lassen Sie sich sein Vorgehen genau schildern. Gehen Sie dabei auf alle wichtigen Details ein. Ziel dieses Schritts ist es, zu prüfen, ob dem Mitarbeiter bekannt ist, was von ihm in einer entsprechenden Situation erwartet wird. Sofern der Mitarbeiter zeigt, dass ihm diese Erwartungen bekannt sind, bestätigen Sie seine Worte. Wo seine Darstellung unkorrekt war, zeigen Sie ihm Ihre tatsächlichen Erwartungen auf.

Schritt 3 - Verständnis klären

Befragen Sie den Mitarbeiter, ob ihm bekannt ist, aus welchen Gründen in diesem Zusammenhang das beschrieben Verhalten betrieblich erwünscht ist (negativer Fall: nicht erwünscht ist). Wenn die Gründe dem Mitarbeiter nicht bekannt sind, zeigen Sie sie ihm auf. Wenn der Mitarbeiter Einwände hat, setzen Sie sich damit ernsthaft inhaltlich auseinander. Wenn er mit Vorwänden kommt, sagen Sie das Nötige dazu. Wichtig ist, dass der Mitarbeiter nach dem Gespräch keine unverbrauchten Einwände und Ausreden mehr »auf Lager« hat.

Schritt 4 - Anforderungen klären

Fragen Sie den Mitarbeiter, wie er in Zukunft sicherstellen wird, das betreffende Verhalten zu zeigen bzw. zu unterlassen. Lassen Sie sich genau erklären, welche konkreten Aktionen er dafür unternehmen wird.

Schritt 5a - Konsequenzen aufzeigen

Falls der Mitarbeiter Ihnen in den vorherigen Schritten partout nicht folgen mochte, zeigen Sie abschließend auf, dass Sie dieses Verhalten keineswegs hinnehmen werden und beim nächsten Anlass förmliche Schritte ergreifen werden. Sagen Sie, dass Sie das bedauern würden und machen Sie deutlich, dass es jetzt in der Verantwortung des Mitarbeiters liegt, eine solche Entwicklung zu vermeiden. Drücken Sie abschließend Ihre Hoffnung aus, dass er daraus die richtigen Konsequenzen zieht.

Schritt 5b - Einsicht bestärken

Wenn der Mitarbeiter im Gesprächsverlauf Einsicht und Veränderungsbereitschaft zeigt, dann zeigen Sie Ihre Erleichterung, bestärken ihn darin und geben sich ausdrücklich zuversichtlich, dass es zu diesem Thema nicht wieder Gesprächsbedarf geben wird.

Zu erwartende Einwände und Ausreden

Möglicherweise ist der Mitarbeiter der Ansicht, dass das unerwünschte Verhalten mit bestimmten betrieblichen Vorteilen verbunden sei. Welche könnten das sein?

Oder er betrachtet dieses Verhalten zumindest als nicht so nachteilig wie Sie annehmen. Welche Gründe könnte es dafür geben?

Es gibt manchmal Mitarbeiter, die kommen mit Ausreden, die strukturell bereits aus dem Kindergarten bekannt sind:

- Das hat mir noch nie einer gesagt, ich dachte, das wäre ok so.
- Das habe ich in der Abteilung XYZ immer so gemacht und dort hat es niemanden gestört.
- Die anderen Kollegen machen das doch noch viel öfter. Warum sprechen Sie ausgerechnet mit mir?

Mit dergleichen Ausreden sollten Sie sich nicht weiter befassen und auf gar keinen Fall darüber irgendwelche Diskussionen führen. Hier sind Sie der Chef bzw. die Chefin und wenn jemand die Regeln (angeblich) nicht kennt, werden Sie dafür sorgen, dass er sie kennen lernt!

Gute Fragen

- »Ist es zutreffend, dass Sie <Zeitpunkt/Zeitraum benennen> <unerwünschte Verhaltensweise benennen> getan haben?«
- »Ist Ihnen bekannt, welche Gründe es gibt, dass diese Verhaltensweise in diesem Unternehmen / in dieser Abteilung nicht gewünscht ist?«
- »Welche Bedeutung hat es für Sie persönlich, sich auch dann an die Richtlinien / die Geschäftspolitik zu halten, wenn es mit einer Extra-Anstrengung verbunden ist?«
- »Kann ich mich da in Zukunft auf Sie verlassen?«

Dauer

30-60 Minuten

Abschluss

Siehe Schritt 5a oder 5b unter Gesprächsvorgehen, je nach vom Mitarbeiter an den Tag gelegter Einsicht.

Dokumentation

Erstellen Sie eine Notiz für Ihre Unterlagen.

Intrige (gegen Sie)

Anlass

Ein Mitarbeiter macht hinter Ihrem Rücken »Stimmung« gegen Sie im Team oder bei Ihrem Chef. Im Unterschied zu einem offenen Konflikt oder einer kritischen Meinung gibt der Kritiker sich und seine Kritikpunkte Ihnen nicht zu erkennen, sondern versucht, andere gegen Sie zu instrumentalisieren.

Voraussetzungen

Sie haben zuverlässige Kunde von den Vorkommnissen und sind bereit, dem Mitarbeiter eine faire Chance zu geben, sein intrigantes Verhalten abzulegen.

Intrigen sind schwerwiegende Störungen und können auch guten und wohlmeinenden Führungskräften gefährlich werden. Intriganten entziehen dem Umfeld viel mentale Energie. Manche Menschen haben eine hartnäckige Vorliebe dafür. Wenn Sie so jemanden durchschaut haben, trennen Sie sich besser früher als später. In dem Fall erübrigt sich das hier beschriebene Gespräch.

Ziele

Sie wollen den Mitarbeiter veranlassen, sein intrigantes Verhalten aufzugeben.

Herausforderung

Intrigen stiften Unsicherheit, der sich niemand ganz entziehen kann. Trotzdem müssen Sie jetzt aktiv werden!

Vorgehen

Der intrigante Mitarbeiter soll erkennen, dass Sie ihn durchschaut haben, ohne dass Sie dafür Ihre Informationsquellen offen legen oder ihm komplett das Gesicht nehmen. Er soll diesmal den Rückzug zu akzeptablen Umgangsformen noch offen haben!

Fragen Sie den Kollegen zu Themen, über die er sich bei Dritten negativ ausgelassen hat. Dann muss er sich entscheiden: Wird er seine Kritik offen vortragen oder verleugnen? Im ersten Fall müssen Sie sich damit auseinander setzen. Das ist soll aber heute nicht zum Hauptthema des Gesprächs werden. Wenn erforderlich, peilen Sie dafür einen separaten Termin an.

Anschließend erläutern Sie dem Kollegen Ihre Philosophie zum Thema Kritik: »Für konstruktive Kritik meiner Mitarbeiter bin ich dankbar. Wenn Sie glauben, dass ich im Begriff bin, einen Fehler zu machen, dann sagen Sie mir bitte Bescheid. Ist das für Sie ok?« Ich habe bisher noch keinen Mitarbeiter erlebt, der das ablehnt. Wenn sich jemand ausdrücklich weigern würde, Sie zu kritisieren, dann wäre die richtige Antwort: »Wenn Ihnen eine Kritik nicht wichtig genug ist, sie mir mitzuteilen, dann bitte ich Sie, auch alle anderen damit zu verschonen. Kann ich mich da auf Sie verlassen?«

Nach diesem Gespräch wird dem Kollegen dämmern, dass Sie von seinen Reden hinter Ihrem Rücken wissen und sein weiteres Verhalten beobachten werden. Das sollte ihn vorsichtig machen. Ob er Ihre Einladung zur konstruktiven Kritik annimmt, ist nicht sicher. Sie müssen Augen und Ohren offen halten.

Intrige bei Ihrer Führungskraft

Wie gehen Sie die Sache an, wenn der Mitarbeiter Sie bei Ihrem Chef oder »Chefchef« angeschwärzt hat? Zuerst suchen Sie das Gespräch mit Ihrer Führungskraft. Erkunden Sie, was genau der Mitarbeiter gesagt hat und welchen Eindruck Ihr Chef von der Angelegenheit hat. Fragen Sie Ihren Chef um Rat, wie Sie in der Sache verfahren sollen. Erstellen Sie ein (angekündigtes) Ergebnisprotokoll von diesem Gespräch, das Sie Ihrer Führungskraft per Email übermitteln. Manche Chefs haben ein erstaunlich schwaches Gedächtnis!

Wenn der Mitarbeiter sein Anliegen Ihnen bereits vorgetragen hatte und damit bei Ihnen keinen Anklang fand, dann ist sein Vorgehen grundsätzlich legitim. In der ungeschriebenen Unternehmensverfassung unserer Zeit haben Mitarbeiter ein Recht, eigene Meinungen einzubringen, auch wenn Sie von ihren direkten Chefs vermeintlich ausgebremst werden. Ihre Führungskraft ist dann Eskalationsinstanz in einem Konflikt mit dem Mitarbeiter. Sie können das soweit entspannt hinnehmen und Ihre Führungskraft um eine klärende Stellungnahme in der Sache bitten.

Anders verhält es sich, wenn Sie von den Kritikpunkten des Mitarbeiters von ihm selber noch nie etwas vernommen haben. In dem Fall hat der Mitarbeiter ein Machtspiel eröffnet. Um mit Macht zu spielen, muss man nicht selber mächtig sein. Man kann auch mit der Macht anderer spielen. Nun müssen Sie auf der Hut sein.

Wenn Ihre Führungskraft das Geschehen durchschaut und hinter Ihnen steht, ist das anstehende Gespräch relativ klar: Sie geben dem Mitarbeiter eine Einführung in das Thema »Faire und transparente Kritik in hierarchischen Organisationen«, verbunden mit einer ernsten Warnung, sich an die Spielregel zu halten, sich mit seinen Anregungen zuallererst an Sie als direkten Ansprechpartner zu wenden.

Leider sind nicht wenige »Chefchefs« für Intriganten sehr leicht zu instrumentalisieren. Die »Chefchefs« sind selber einsam in Ihrer luftigen Höhe und sehnen sich nach direktem Kontakt und Feedback von der »Basis«. Der Versuchung, sich durch raffinierte Kollegen über alle definierten Führungsebenen hinweg einspannen zu lassen, können manche nicht widerstehen. Ein talentierter Intrigant in Ihrem Rücken und über Ihnen ein schwacher Chef – das ist eine der schwierigsten Konstellationen für jede Führungskraft. Dafür kenne ich kein Patentrezept. Sie dürfen mich aber gerne anrufen!

Einwände

Manche Mitarbeiter werden die Intrige rundweg leugnen, andere werden bestrebt sein, sie klein zu reden. Wenn der Mitarbeiter nur bemerkt hat, dass Sie ihm auf die Schliche gekommen sind, brauchen Sie auf diese Ausreden nicht weiter eingehen.

Manche Mitarbeiter werden inhaltlich argumentieren. Ihre Kritikpunkte sind angeblich so wichtig, dass das ein Vorgehen hinter Ihrem Rücken rechtfertigt. Das Argument schlägt sich selbst: Wenn es so wichtig ist, was hindert sie, sich direkt an Sie zu wenden?

Gute Fragen

Stellen Sie Fragen nach den Kritikpunkten, die Ihnen zugetragen wurden.

Wenn Sie Ihre Vorstellungen von vertrauensvoller Zusammenarbeit erläutert haben, fragen Sie nach: »Ist das für Sie nachvollziehbar?« »Können wir uns darauf verständigen?«

Dauer

Planen Sie 20 bis 30 Minuten.

Abschluss

Wenn Ihre Taktik funktioniert hat, den Mitarbeiter für die Zukunft auf eine vertrauensvolle Zusammenarbeit zu verpflichten, dann fassen Sie das kurz zusammen und geben Ihrer Zuversicht Ausdruck, dass der Mitarbeiter und Sie sicher gut zusammenarbeiten werden.

Dokumentation

Bei Intrigen sollten Sie schon um den Überblick zu behalten, Notizen erstellen. Später können Sie bei Bedarf damit belegen, was Sie wann mit wem gesprochen haben.

Jahresgespräch

Anlass

In vielen Unternehmen ist es üblich, einmal im Jahr ein strukturiertes Mitarbeitergespräch zu führen. Dabei werden die Inhalte eines Personalentwicklungsgesprächs, die individuelle Zielvereinbarung und persönliches Feedback an die Führungskraft in einem Gespräch abgehandelt. Auch wenn es in Ihrem Unternehmen dazu keine Vorgabe gibt, ist es vorteilhaft, diese Themen mindestens einmal im Jahr zu besprechen.

Voraussetzung

Für ein effektives Gespräch müssen Sie sich sorgfältig vorbereiten.

- Welche Ziele waren im vergangenen Jahr mit dem Mitarbeiter vereinbart worden? Wurden die erreicht?
- Welche Fähigkeiten sind an dem Arbeitsplatz des Mitarbeiters entscheidend für den Arbeitserfolg? Welches Wissen, welche praktischen Routinen und welche Problemlösungskompetenzen werden benötigt?
- Wo steht der Mitarbeiter in Bezug auf diese Fähigkeiten? Verfügt er über das erforderliche Wissen? Beherrscht er wichtige Routinen und Standards? Ist er in der Lage, nicht standardisierte Aufgaben eigenständig zu lösen?
- Und was wissen und beobachten Sie in Bezug auf die Motivation des Mitarbeiters? Ist er zufrieden?
- Welche Jahresziele kommen aus Ihrer Sicht für den Mitarbeiter in Betracht?

Wenn Ihre Organisation Ihnen Vorgaben zur Struktur und Dokumentation des Gesprächs macht, müssen Sie sich damit vertraut machen. Auch dann, wenn Ihnen die Formulare unpraktisch erscheinen sollten, wird Sie dies nicht daran hindern, ein gutes Jahresgespräch zu führen, wenn Sie über präzise Antworten auf die genannten Fragen verfügen und wissen, wo Sie in dem Gespräch hin wollen.

Bitten Sie auch den Mitarbeiter vorab, sich sorgfältig vorzubereiten. Geben Sie ihm dazu konkrete Fragen mit (Zum Beispiel die oben genannten).

Ziele

Ziel ist es, die Beziehung des Mitarbeiters zum Unternehmen und zu Ihnen als Führungskraft in Gesamtschau zu überprüfen und fortzuschreiben. Im Einzelnen wollen Sie dem Mitarbeiter aufzeigen, wo er mit seinen professionellen Fähigkeiten steht, ihn zu weiterer erfolgreicher Entwicklung motivieren und dazu konkrete Schritte vereinbaren. Weiter gilt es, mit dem Mitarbeiter Jahresziele zu vereinbaren, für deren Erreichung er Verantwortung und gegebenenfalls finanzielle Konsequenzen übernimmt. Abschließend bitten Sie den Mitarbeiter um ein Feedback zur Führungsbeziehung mit Ihnen.

Herausforderung

Gute Vorbereitung ist unerlässlich. Ihre Beurteilungen können Anlass zu Konflikten mit dem Mitarbeiter geben. Ziele zu vereinbaren bzw. vorzugeben ist eine anspruchsvolle Aufgabe. Das abschließende Feedback durch den Mitarbeiter kann für Sie kritische Hinweise enthalten, berechtigt oder nicht.

Vorgehensweise

Es ist kein Fehler, zu Beginn des strukturierten Gesprächs die allgemeine Zufriedenheit des Mitarbeiters abzufragen. Etwa so: »Nun sind Sie schon zwei Jahre hier. Und, gefällt es Ihnen noch so gut wie am Anfang?« oder so: »Was gefällt Ihnen am besten bei der Arbeit hier im Hause?«. Eine so offene Frage gibt Ihnen Hinweise auf die Gesamtstimmung und auf mögliche Störquellen.

Der weitere Verlauf ist durch die geplanten Inhalte des Jahresgesprächs bestimmt.

Erster Schritt ist es, den aktuellen Stand der Zielerreichung aus dem Vorjahr festzustellen.

Im nächsten Schritt geht es um die aktuelle Beurteilung des Mitarbeiters. Orientieren Sie sich dazu auch an den Erläuterungen unter *Beurteilung*. Anschließend diskutieren und vereinbaren Sie die anstehenden Entwicklungsziele mit dem Mitarbeiter und verabreden dazu konkrete Maßnahmen. Zu vereinbarende Jahresziele sollen sinnvoll, bearbeitbar, konkret und anspruchsvoll sein. Siehe dazu auch die Ausführungen zu *operativen Zielvereinbarungen*. Lassen Sie motivierte und fähige Mitarbeiter stets zuerst ihre Auffassung erläutern. Sie erfahren dabei, wie der Mitarbeiter sich selber wahrnimmt und können sich auf anerkennende Zustimmung, Fragen und bei Bedarf korrigierende Hinweise beschränken. Nur bei motivationsschwachen Mitarbeitern oder Anfängern geben Sie die Ziele vor. Verwenden Sie mit diesen Mitarbeitern kleinschrittige und relativ kurzfristig umsetzbare Vorgaben.

In der Schlussphase des Gesprächs bitten Sie um Feedback zur persönlichen Zusammenarbeit. Mit Blick auf den zeitlichen Rahmen stellen Sie dazu wenige, offene Fragen, die dem Mitarbeiter Gelegenheit geben, sein Erleben zu artikulieren und eventuelle Schmerzpunkte konkret anzusprechen. Bitten Sie abschließend um ein kurzes Feedback zum Verlauf des Jahresgesprächs selber.

Im Nachgang des Gesprächs werden Sie die Umsetzung der Maßnahmen und der vereinbarten Ziele im Rahmen der Führungsbeziehung, z.B. im Rahmen eines periodischen Gesprächs, gemeinsam mit dem Mitarbeiter weiter verfolgen.

Zu erwartende Einwände

Einwände kann es geben, wenn der Mitarbeiter die bisherigen Ziele nicht erreicht hat. Häufig werden dafür vom Mitarbeiter nicht beeinflussbare Umstände verantwortlich gemacht. Die entsprechende »Einwand-Energie« ist umso größer, wenn es dabei um Geld geht.

Einwände können sich auch festmachen an Ihrer Sicht des Arbeitsplatzes, also an der Frage, welche Fähigkeiten wirklich wichtig sind. Gibt es dazu in Ihrem Tätigkeitsfeld unterschiedliche fachliche Denkweisen? Welche von der Ihren abweichende Sicht könnte der Mitarbeiter einnehmen?

Weiter kann es Einwände geben gegen Ihre Wahrnehmung der Befähigung und Motivation des Mitarbeiters. Der Mitarbeiter kann seine Fähigkeiten überschätzen oder unterschätzen. Eigene Fehler und Schwächen reduzieren manche Mitarbeiter in der Selbstwahrnehmung zu Kleinigkeiten.

Zu Vorwänden kann es kommen, wenn der Mitarbeiter in Bezug auf die von Ihnen angestrebten Entwicklungsziele Ängste oder Unsicherheiten hegt. Das gleiche kann für bestimmte Maßnahmen zutreffen. Welche Anlässe zu Ängsten oder Unsicherheiten bieten Ihre Vorstellungen von Zielen und Maßnahmen dem Mitarbeiter?

Bei anspruchsvollen Zielen ist es absolut legitim, wenn der Mitarbeiter diese zunächst mit Einwänden abklopft. Einwände können sich beziehen auf die Sinnhaftigkeit des Ziels, auf die Erreichbarkeit (»Realismus«), die Verfügbarkeit erforderlicher Ressourcen und die persönliche Eignung des Gesprächspartners.

Wenn der Mitarbeiter die Verantwortung nicht annehmen möchte, etwa weil er an den Erfolgschancen zweifelt oder weil er die erwarteten Anstrengungen scheut, und dies nicht offen sagen möchte, kann es zu Ausreden kommen (»Keine Zeit«, »Andere Projekte« usw.).

Gute Fragen

- »Welche Aufgaben und Aktivitäten machen Ihnen bei Ihrer Arbeit am meisten Freude?«
- »Welche Tätigkeiten sind bei Ihren Aufgaben besonders wichtig, um den Erfolg sicher zu stellen?«
- »Wie sicher beherrschen Sie diese Aktivität?«
- »In welchem Bereich würden Sie Ihre Fähigkeiten gerne weiter entwickeln?«
- »Auf welche Weise wollen Sie Ihre Fähigkeiten weiter entwickeln?«
- » Haben Sie einen Vorschlag für ein Jahresziel?«
- »Wie sehen Sie dieses Ziel?«
- »Werden Sie das erreichen?«
- »Ist Ihnen das Ziel klar?«
- »Woran werden Sie und ich erkennen, dass Sie das Ziel erreicht haben?«
- »Sind Sie mit dieser Zielvereinbarung einverstanden?«
- »Was gefällt Ihnen gut in der Zusammenarbeit mit mir?«
- »Welche Wünsche oder Vorschläge haben Sie für eine Verbesserung der Zusammenarbeit mit mir?«
- »Bei welchen Aufgaben möchten Sie einen engeren Kontakt mit mir?«
- »Bei welchen Aufgaben wünschen Sie sich mehr eigene Entscheidungskompetenz?«

Dauer

Ein Jahresgespräch darf zwischen 60 und 120 Minuten dauern.

Abschluss

Bitten Sie um ein Feedback zum Gesprächsverlauf. Bedanken Sie sich und beenden Sie das Gespräch.

Dokumentation

Viele Unternehmen unterstützen ihre Führungskräfte mit einem vorgegebenen Dokumentationsrahmen für das Jahresgespräch. Das Dokument wird der nächsthöheren Führungskraft zum Gegenzeichnen vorgelegt und in der Personalakte abgelegt.

Während des Gesprächs notieren Sie die Gesprächsergebnisse und anschließend unterzeichnen Sie und der Mitarbeiter das Dokument. Wenn Ihr Unternehmen keine Vorgabe macht, erstellen Sie ein formloses Ergebnisprotokoll, von dem der Mitarbeiter eine Kopie erhält.

Konflikt unter Mitarbeitern

Anlass

Konflikte unter Ihren Mitarbeitern kommen vor. Sie sind Teil der Beziehung zwischen den Kollegen und dort gehören sie auch hin. Sie als Führungskraft sind nur dann betroffen, wenn die Mitarbeiter einen Konflikt untereinander unverantwortlich eskalieren, so dass Interessen Dritter und des Unternehmens gefährdet werden. In diesem Fall werden Sie die Streithähne zur Ordnung rufen. Häufig versuchen Mitarbeiter, die Führungskraft auf ihre Seite zu ziehen und regelrecht zu instrumentalisieren. Das Manöver wird typischer Weise mit einem »vertraulichen« Gespräch eröffnet, in dem Mitarbeiter A Sie auf angebliche Verfehlungen des Mitarbeiters B hinweist. Die Erwartung an Sie ist in dem Moment, dass Sie den Fall übernehmen, den Mitarbeiter B zurechtweisen und Mitarbeiter A sich scheinbar unbeteiligt die Hände reiben darf.

Voraussetzung

Ein solches Gespräch können Sie sich in der Regel nicht aussuchen, es wird Ihnen überraschend aufgedrängt und es liegt an Ihnen, aus dem Stand angemessen zu reagieren.

Ziele

Ihre Ziele in so einer Situation sind:

1. Unparteiisch zu bleiben
2. Den Mitarbeiter zu einer positiven Konfliktbearbeitung zu veranlassen
3. Mögliche Risiken und Gefahren zu erkennen und abzuwenden

Warum ist es so wichtig, unparteiisch zu bleiben? Nur als unparteiische Instanz können Sie beiden Konfliktparteien glaubwürdig mit Forderungen entgegentreten. Durch eine Parteinahme für einen der Mitarbeiter übernehmen Sie als »Schiedsrichter« die Aufgabe, die eigentlich die beiden Mitarbeiter – immerhin erwachsene Menschen – lösen müssen. Der Konflikt wird dadurch nicht gelöst und wird weiter schwelen. Beide werden weiterhin bestrebt sein, Sie auf ihre Seite zu ziehen oder als Schiedsrichter zu beanspruchen. Und das wollen Sie nicht wirklich, nicht wahr?

Wieso ist es oft schwierig, unparteiisch zu bleiben? Streithähne denken »Wer nicht für mich ist, ist gegen mich«. Mit Geschick und Energie versuchen Sie, anderen die Logik ihres Konfliktes überzustülpen. Wenn Sie sich diesem Streben entziehen, wird man Ihnen in dramatischen Worten aufzeigen, dass Sie im Begriff sind, einen aufrechten Vorkämpfer der Rechtschaffenheit, der Produktqualität oder anderer hoher Werte im Regen stehen zu lassen. Routinierte Dramatiker bauen so einen spürbaren Druck auf die Führungskraft auf, und manchmal sind sie damit erfolgreich.

Herausforderung

Sich nicht in den Konflikt hineinziehen lassen. Die Konfliktparteien zu einer gemeinsamen Konfliktbearbeitung führen.

Vorgehensweise

Mitarbeiter A wird Ihnen zunächst nicht etwa von seinem Konflikt mit Mitarbeiter B berichten, sondern Sie »vertraulich« auf gewisse »Missetaten« des Mitarbeiters B aufmerksam machen. Falls es sich dabei tatsächlich um ernste Vorwürfe handelt, die Interessen des Unternehmens oder Dritter tangieren, müssen Sie der Sache nachgehen.

Sobald Ihnen klar wird, dass ein Konflikt zwischen Mitarbeiter A und Mitarbeiter B vorliegt, konzentrieren Sie sich im Gespräch darauf, Mitarbeiter A zu veranlassen, dass Gespräch mit Mitarbeiter B zu suchen. Dabei werden Sie häufig auf energischen Widerstand stoßen. Machen Sie dem Mitarbeiter klar, dass Sie ihm die Konfliktbearbeitung mit Mitarbeiter B nicht abnehmen werden. Sie können aber ein von Ihnen oder einer dritten Person moderiertes Gespräch anbieten. Manche Mitarbeiter sind so konfliktscheu, dass sie sich mit Händen und Füßen gegen jedes Gespräch wehren. Der Plan B dieser Mitarbeiter ist dann, den Konflikt einzufrieren. In dem Fall müssen Sie sich entscheiden, ob Sie das geschehen lassen. Kriterium ist, wie schädlich der Konflikt sich für das Unternehmen auswirken kann. Ist das nicht der Fall, lassen Sie die Sache laufen. Sie sind ja nicht Missionar. Andernfalls setzen Sie auch gegen den Willen des Mitarbeiters ein Gespräch zu dritt an, bei dem Sie den Konflikt zur Sprache bringen und im Interesse des Unternehmens eine Klärung einfordern. Konfliktscheuen Mitarbeitern ist so ein Gespräch peinlich. Das braucht Sie nicht zu stören, denn wenn die Mitarbeiter ihre Konflikte nicht selbst im betrieblich erforderlichen Rahmen managen können, dann müssen Sie eben eingreifen.

Zu erwartende Einwände

- »Mit dem kann man nicht reden!«
- »Das hat gar keinen Zweck!«
- »Der lässt sich von mir nichts sagen.«
- »Das ist Chefsache.«
- »Das ist ein <negative Zuschreibung>«

Gute Fragen

- »Haben Sie mit dem Kollegen schon mal darüber gesprochen?«
- »Was sagt denn der Kollege zu Ihren Vorwürfen?«
- »Was wünschen Sie sich von dem Kollegen, um den Konflikt beilegen zu können?«
- »Wissen Sie, was sich der Kollege von Ihnen wünschen würde?«

Dauer

Ein solches Gespräch sollten Sie nicht länger als 20 Minuten laufen lassen.

Abschluss

Wenn der Mitarbeiter sich bereit erklärt, mit Mitarbeiter B das Gespräch zu suchen, können Sie das Gespräch beenden. Wenn Sie auf unüberwindlichen Widerstand stoßen, entscheiden Sie sich schließlich, ob Sie ein Gespräch zu Dritt ansetzen werden oder Sie kündigen eine solche Entscheidung an und beenden so oder so das Gespräch.

Dokumentation

Erstellen Sie vorsichtshalber eine Notiz.

Kündigung

Anlass

In jeder Führungslaufbahn stellt sich einmal die Aufgabe, sich von einem Mitarbeiter zu trennen. Dafür kann es unterschiedliche Anlässe geben. In Deutschland ist die Kündigung rechtlich sehr viel einfacher, wenn sie in der Probezeit erfolgt. Für den Gesprächsverlauf macht das keinen Unterschied.

Voraussetzung

Die von Ihnen beabsichtigte Kündigung ist arbeitsrechtlich gerechtfertigt und es liegt Ihnen ein rechtlich einwandfrei formuliertes Kündigungsschreiben in zweifacher Ausfertigung vor. Falls Sie beabsichtigen, den Mitarbeiter für den Rest seiner Betriebszugehörigkeit zu beurlauben, muss dies im Kündigungsschreiben oder einem separaten Schreiben ausgesprochen werden. Zu allen diesen Voraussetzungen sollten Sie im Zweifel einen Fachjuristen konsultieren. Sorgen Sie dafür, dass Sie bei Bedarf eine zuverlässige Person als Zeugen hinzuziehen können.

Ziele

Ziel des Kündigungsgesprächs ist es, das Kündigungsschreiben zu überreichen und sich quittieren zu lassen. Rechtlich ist es hinreichend, die Kündigung vor Zeugen ausgesprochen und überreicht zu haben.

Herausforderung

Ein Kündigungsgespräch ist auch für die Führungskraft emotional belastend.

Vorgehensweise

Sprechen Sie die Kündigung aus, übergeben Sie das Kündigungsschreiben und bitten Sie den Mitarbeiter, den Erhalt auf einer Kopie zu quittieren. Zeigen Sie dem Mitarbeiter auf, welche Fragen umgehend zu klären sein werden: Resturlaub, Überstundenausgleich, gegebenenfalls Freistellung, Schlüsselübergabe und ähnliches. Vereinbaren Sie, was wann geklärt wird. Danach beenden Sie das Gespräch.

Zu erwartende Einwände

Eine Kündigung trifft den Mitarbeiter hart und es kann zu emotionalen Reaktionen kommen. Seien Sie darauf gefasst, bleiben Sie höflich und respektvoll und machen Sie es kurz.

Gute Fragen

Fragen erübrigen sich hier.

Dauer

Ein einfaches Kündigungsgespräch ist kurz, sehr kurz. Es gibt nichts mehr zu besprechen.

Abschluss

Zum Abschluss verabschieden Sie sich höflich. Wenn der Mitarbeiter ohne eigenes Verschulden seine Arbeit verliert, wie bei betrieblich bedingten Kündigungen üblich, dürfen Sie Mitgefühl und gute Wünsche selbstverständlich ausdrücken. Seien Sie sich im Klaren, dass das dem Kollegen in der Situation sehr, sehr wenig hilft. Und machen Sie es trotzdem kurz.

Dokumentation

Ist mit dem gegengezeichneten Kündigungsschreiben gegeben.

Personalentwicklungsgespräch

Anlass

Sie wollen den Mitarbeiter bei der Entwicklung seiner Fähigkeiten und seiner Motivation aktiv begleiten und unterstützen. In manchen Unternehmen wird von den Führungskräften erwartet, einmal im Jahr mit jedem Mitarbeiter ein solches Gespräch zu führen. Häufig wird dazu eine bestimmte Struktur und Dokumentation vorgegeben (siehe unter *Jahresgespräch*). Auch wenn das in Ihrer Organisation nicht der Fall sein sollte, ist ein Jahr ein guter Rhythmus für dieses Gesprächsformat und es liegt dann in Ihrer Initiative, das Gespräch zu veranlassen.

Voraussetzung

Für ein effektives Gespräch benötigen Sie vorab präzise Antworten auf folgende Fragen:

- Welche Fähigkeiten sind an dem Arbeitsplatz des Mitarbeiters entscheidend für den Arbeitserfolg? Welches Wissen, welche praktischen Routinen und welche Problemlösungskompetenzen werden benötigt?
- Wo steht der Mitarbeiter in Bezug auf diese Fähigkeiten? Verfügt er über das erforderliche Wissen? Beherrscht er wichtige Routinen und Standards? Ist er in der Lage, nicht standardisierte Aufgaben eigenständig zu lösen?
- Und was wissen und beobachten Sie in Bezug auf die Motivation des Mitarbeiters?

Ein solches Gespräch muss sorgfältig vorbereitet werden und das gelingt am leichtesten, wenn Sie gewohnheitsmäßig ab und zu genau hinschauen, wie der Mitarbeiter seine Arbeitsaufgaben bewältigt und sich so eine präzise Wahrnehmung erarbeiten.

Wenn Ihre Organisation Ihnen Vorgaben zur Struktur und Dokumentation des Gesprächs macht, müssen Sie sich damit vertraut machen. Auch dann, wenn Ihnen die Formulare unpraktisch erscheinen sollten, wird Sie dies nicht daran hindern, ein gutes Jahresgespräch zu führen, wenn Sie über präzise Antworten auf die genannten Fragen verfügen und wissen, wo Sie in dem Gespräch hin wollen.

Bitten Sie auch den Mitarbeiter vorab, sich sorgfältig vorzubereiten. Geben Sie ihm dazu konkrete Fragen mit, zum Beispiel die oben genannten.

Ziele

Ziel ist es, den Mitarbeiter für die weitere Entwicklung seiner Fähigkeiten zu motivieren und anzuregen und dazu konkrete Schritte zu vereinbaren.

Herausforderung

Gute Vorbereitung ist unerlässlich. Ihre Beurteilungen können Anlass zu Konflikten mit dem Mitarbeiter geben. Ziele zu vereinbaren bzw. vorzugeben ist eine anspruchsvolle Aufgabe. Das abschließende Feedback durch den Mitarbeiter kann für Sie kritische Hinweise enthalten, berechtigt oder nicht.

Vorgehensweise

Erster Schritt ist es, den aktuellen Stand festzustellen. Wenn es ein Gespräch und Vereinbarungen schon gab, etwa im Vorjahr, beziehen Sie und der Mitarbeiter sich selbstverständlich darauf. Anschließend diskutieren und vereinbaren Sie die anstehenden Entwicklungsziele mit dem Mitarbeiter und verabreden dazu konkrete Maßnahmen. Lassen Sie motivierte und fähige Mitarbeiter stets zuerst ihre Auffassung erläutern. Sie erfahren dabei, wie der Mitarbeiter sich selber wahrnimmt und können sich auf anerkennende Zustimmung, Fragen und bei Bedarf korrigierende Hinweise beschränken. Bei motivationsschwachen oder unerfahrenen Mitarbeitern geben Sie die Ziele vor. Verwenden Sie mit diesen Mitarbeitern nur kleinschrittige und relativ kurzfristig umsetzbare Vorgaben. Das erhöht die Chance, auch mit diesen Mitarbeitern Entwicklungserfolge zu erzielen.

Später werden Sie die Umsetzung der Ziele und Maßnahmen im Rahmen der Führungsbeziehung mit dem Mitarbeiter weiter verfolgen. Einen guten Rahmen dafür gibt ein periodisches Statusgespräch.

Zu erwartende Einwände

Einwände können sich festmachen an Ihrer Sicht der Ausgangssituation, also an der Frage, welche Fähigkeiten wirklich wichtig sind. Gibt es dazu in Ihrem Tätigkeitsfeld unterschiedliche fachliche Denkweisen? Welche von der Ihren abweichende Sicht könnte der Mitarbeiter einnehmen?

Weiter kann es Einwände geben gegen Ihre Wahrnehmung der Befähigung und Motivation des Mitarbeiters. Der Mitarbeiter kann seine Fähigkeiten überschätzen oder unterschätzen. Eigene Fehler und Schwächen reduzieren manche Mitarbeiter in der Selbstwahrnehmung zu Kleinigkeiten.

Zu Vorwänden kann es kommen, wenn der Mitarbeiter in Bezug auf die von Ihnen angestrebten Entwicklungsziele und Maßnahmen Ängste oder Unsicherheiten hegt. Welche Anlässe dazu kommen in Frage?

Gute Fragen

- »Welche Aufgaben und Aktivitäten machen Ihnen bei Ihrer Arbeit am meisten Freude?«
- »Welche Tätigkeiten sind bei Ihren Aufgaben besonders wichtig, um den Erfolg sicher zu stellen?«
- »Wie sicher beherrschen Sie diese Aktivität?«
- »In welchem Bereich würden Sie Ihre Fähigkeiten gerne weiter entwickeln?«
- »Auf welche Weise wollen Sie Ihre Fähigkeiten weiter entwickeln?«

Dauer

Ein Personalentwicklungsgespräch darf zwischen 20 und 60 Minuten dauern.

Abschluss

Lassen Sie den Mitarbeiter die Gesprächsergebnisse zusammenfassen. Bitten Sie um ein Feedback zum Gesprächsverlauf. Bedanken Sie sich und beenden Sie das Gespräch.

Dokumentation

Viele Unternehmen unterstützen ihre Führungskräfte mit einem vorgegebenen Dokumentationsrahmen für das Personalentwicklungsgespräch. Sie notieren die Gesprächsergebnisse und anschließend zeichnen Sie und der Mitarbeiter das Dokument. Wenn Ihr Unternehmen keine Vorgabe macht, erstellen Sie ein formloses Ergebnisprotokoll.

Psychische Störung, Abhängigkeiten

Anlass

Sie beobachten Verhaltensweisen, die auf eine psychische Störung oder eine Abhängigkeit hindeuten.

Psychische Störungen sind nicht selten. Sehr viele Menschen sind im Laufe ihres Lebens einmal davon betroffen. Depressionen, Manien, Ängste, zwanghafte Verhaltensweisen, Schizophrenie sind Beispiele häufiger psychischer Störungen. Diese Störungen zeigen sich am Arbeitsplatz in Form geringer Belastbarkeit, in merkwürdigen Verhaltensveränderungen oder bestimmten körperlichen Auffälligkeiten.

Eine sehr häufige Form psychischer Störungen sind Abhängigkeiten, in der Alltagssprache als Sucht bezeichnet. Es gibt Abhängigkeiten von Substanzen wie Nikotin, Alkohol, Tabletten und Drogen. Einige Substanzen (Nikotin, Alkohol, viele Drogen) verursachen eine körperliche Gewohnheit, die nur unter körperlichen Entzugserscheinungen zu durchbrechen ist. Spielsucht, Sexsucht, Essstörungen und Medienabhängigkeiten (Computerspiele, Pornos usw.) sind »nur« seelischer Natur. Kennzeichnend für eine Abhängigkeit ist die Unfähigkeit, frei zu entscheiden, ob und in welchem zeitlichen Umfang man das betreffende Verhalten praktiziert. Einige Abhängigkeiten sind in unserer Kultur sozial noch akzeptiert oder zumindest legal, andere beeinträchtigen die Handlungs- und Arbeitsfähigkeit erheblich, sind schlicht illegal oder können gesundheitlich zu schweren Problemen führen.

Voraussetzung

Sie haben ernstzunehmende Hinweise auf eine psychische Störung beobachtet oder wurden durch Dritte darauf aufmerksam gemacht.

Ziele

Zur Behandlung von psychischen Störungen haben Sie als Führungskraft keinen Auftrag. Selbst wenn Sie über eine einschlägige Ausbildung verfügen sollten, ist die Diagnose oder gar Therapie von psychischen Leiden Ihrer Mitarbeiter mit Ihrer Rolle unvereinbar. Andererseits haben Sie als Arbeitgebervertreter eine Fürsorgepflicht und sollen bei merkwürdigen Verhaltensauffälligkeiten eines Mitarbeiters aktiv werden. Auf jeden Fall ist es Ihre Aufgabe, von dem Mitarbeiter ausgehende Störungen im betrieblichen Ablauf zur Sprache zu bringen. Unmissverständliches Feedback ist wichtig, um dem psychisch Gestörten ein Signal zu geben, dass etwas mit ihm nicht stimmt. Als Chefin oder Chef kommt Ihrem Feedback eine besondere Bedeutung zu, die diesen Mitarbeitern helfen kann, ansatzweise ihre Lage zu erkennen. Wenn Sie eine hohe Wahrscheinlichkeit sehen, dass mit dem Mitarbeiter etwas nicht stimmt, schalten Sie die Personalabteilung ein. Sie können sich dort für den Mitarbeiter in Frage kommende Beratungsstellen nennen lassen.

Ihr erstes Gesprächsziel ist also, dem Mitarbeiter eine unmissverständliche Rückmeldung zu geben. Wenn es zu Störungen gekommen ist, verlangen Sie darüber hinaus eine Klärung, wie der Mitarbeiter diese in Zukunft vermeiden will. Der Rest hängt sehr stark von der Reaktion des Mitarbeiters ab.

Herausforderung

Psychische Störungen, insbesondere Suchterkrankungen wird der Mitarbeiter häufig hartnäckig leugnen. Sie gehen eine Gratwanderung zwischen Fürsorgepflicht des Arbeitgebers und der Wahrung der Privatsphäre des Mitarbeiters.

Vorgehensweise

Wenn der Mitarbeiter einen hilflosen Eindruck macht und sich eventuell selber psychische Schwierigkeiten oder Abhängigkeiten zuschreibt, dann ermuntern Sie ihn nachdrücklich, professionelle Hilfe anzunehmen. Außerdem informieren Sie den Personalbereich und wenn vorhanden den Betriebsrat. Teilen Sie dem Mitarbeiter diese Schritte mit.

Im Falle von suchtartigen Störungen (z.B. Alkohol, Drogen, Magersucht) wird der Mitarbeiter zunächst behaupten, alles im Griff zu haben. Nehmen Sie ihn beim Wort. Als Führungskraft dürfen Sie auf eine ordentliche Arbeitsleistung bestehen. Lassen Sie sich nicht mit allgemeinen Versprechungen abspeisen, sondern bestehen Sie auf konkrete und verbindliche Zusagen. Wenn es wieder zu Auffälligkeiten kommt, geben Sie dem Mitarbeiter zeitnah Rückmeldung. Wenn es darüber hinaus zu Störungen kommt, verlangen Sie von dem Mitarbeiter, sich mit seiner Situation auseinanderzusetzen. Allerdings nicht im Gespräch mit Ihnen, sondern mit einem Arzt, einem Psychotherapeuten oder einer Selbsthilfeorganisation (z.B. Anonyme Alkoholiker). Wenn auch nur der Verdacht einer suchtartigen Störung besteht, holen Sie sich immer professionellen Rat in der Personalabteilung.

Menschen unter Alkohol oder Drogen sind ein Gefahrenpotential im Straßen-verkehr und an vielen Arbeitsplätzen. In so einem Fall müssen Sie einschreiten. Im fortgeschrittenen Stadium sind Alkoholiker und andere Suchtkranke den Kolleginnen und Kollegen oft nicht mehr zuzumuten. Machen Sie da keine falschen Kompromisse.

Zu erwartende Einwände

- »Das war ein einmaliger Ausrutscher, das wird nicht wieder vorkommen.«
- »Machen Sie doch nicht aus einer Mücke einen Elefanten.«
- »Ich habe alles im Griff.«
- »Ich kann nicht.« (Egal was Sie vorschlagen)

Gute Fragen

- »Ist Ihnen in der angesprochenen Situation etwas aufgefallen, was anders war als sonst?«
- »Ich wundere mich. Was ist mit Ihnen los?«
- »Wie werden Sie denn sicherstellen, dass dieses Ereignis ein Einzelfall bleibt?«
- »Wann werden Sie professionelle Hilfe in Anspruch nehmen?«

Dauer

Ein solches Gespräch kann sich in die Länge ziehen, wenn Sie es geschehen lassen. Vermeiden Sie das – Sie sind nicht der Therapeut. 15 Minuten reichen!

Abschluss

Halten Sie abschließend das Gesprächsergebnis fest. Sofern der Mitarbeiter selber psychische Probleme bei sich sieht, wünschen Sie ihm alles Gute und viel Erfolg für die anstehenden Maßnahmen.

Dokumentation

Machen Sie während des Gesprächs Notizen. Notieren Sie Ihre zentralen Fragen und die Antworten des Mitarbeiters sinngemäß in einer Gesprächsnotiz. Wenn sich die Vermutung einer psychischen Störung erhärtet, übermitteln Sie dem Mitarbeiter sowie dem Personalbereich eine Kopie Ihrer Notiz.

Regeln aufzeigen

(»Machen Sie immer „x" wenn „y" eintritt« / »Machen Sie nie „z" «)

Anlass

In jedem Unternehmen und Unternehmensbereich gibt es Regeln, die für alle Mitarbeiter oder für bestimmte Tätigkeiten gelten. Eigentlich sollten das ja alle wissen, nicht wahr? Warum auch immer, manchmal gibt es Kollegen, die das nicht zu wissen scheinen. Der chinesische Philosoph und Verwaltungslehrer Konfuzius (geb. 551 v. Chr.) war der Ansicht, dass die Führungskraft eine Regel mindestens fünfmal erklärt haben sollte, bevor bei Nichtbefolgen Konsequenzen zu ziehen sind. Er begründete das damit, dass manche Leute schwer von Begriff sind, etwas falsch verstanden haben könnten oder vielleicht glauben, es sei nicht so wichtig. Das scheint mir ein heute noch realistischer Ansatz. Seine Ansichten zum weiteren Vorgehen, wenn alle Ermahnungen nicht fruchten, sind allerdings mit dem heutigen Arbeitsrecht nicht vereinbar, und das ist noch untertrieben. In Anlehnung an die geduldige Seite des Konfuzius finden Sie in diesem Buch folgende, auf einander aufbauende Gesprächsformate zur Verhaltenskorrektur:

- *Regeln aufzeigen*
- *Intervention zur Verhaltensänderung (ggf. wiederholt anzuwenden)*
- *Ermahnung*
- *Abmahnung*

»Regeln aufzeigen« ist der erste Schritt einer möglichen Eskalationsleiter.

Voraussetzung

Ihnen ist aufgefallen, dass der Mitarbeiter die Regeln nicht kennt, vielleicht unwissentlich überschreitet, ohne dass es dabei zu konkreten betrieblichen Problemen gekommen ist.

Ziele

Das Minimalziel für das Gespräch ist, dass der Mitarbeiter danach nicht mehr sagen kann, dass er diese Regel nicht gekannt habe. In Zukunft muss er im Falle einer Regelübertretung dafür die Verantwortung übernehmen. Das optimale Ziel ist, den Mitarbeiter zu veranlassen, die Regel tatsächlich konsequent zu befolgen.

Herausforderung

Hören Sie sich keine Ausreden an. Konzentrieren Sie sich auf das Gesprächsziel: Nach dem Gespräch soll der Mitarbeiter nicht mehr sagen können, dass er diese Regel nicht gekannt habe.

Vorgehensweise

Fragen Sie den Mitarbeiter, ob ihm die fragliche Regel bekannt ist. Wenn ja, lassen Sie den Mitarbeiter die Regel erläutern. Bei Bedarf ergänzen oder korrigieren Sie. Wenn der Mitarbeiter die Regel nicht kennt, stellen Sie sie dar. Benutzen Sie dafür die *Positive Handlungssprache*: Formulieren Sie in positiven Aussagen, die aus der Sicht des Mitarbeiters das Vorgehen beschreiben. Wählen Sie aktive Verben und vermeiden Sie Substantivierungen. Sagen Sie zum Beispiel: »wenn Sie XY machen wollen, dann müssen Sie zuerst YZ machen und solange warten, bis der Prozess abgeschlossen ist« statt: »vor Durchführung von XYZ muss immer die Durchführung und vollständige Ausführung von YZ gewährleistet sein«. Verwenden Sie Beispiele.

Anschließend bringen Sie eine fiktive Situation oder ein reales Ereignis aus der Vergangenheit zur Sprache. Wie hätte sich der Mitarbeiter in dieser Situation richtig verhalten? Lassen Sie den Mitarbeiter die Situation gedanklich Schritt für Schritt durchlaufen.

Abschließend unterstreichen Sie die Bedeutung der Regel aus Unternehmenssicht und wie wichtig es Ihnen persönlich ist, dass in Ihrem Bereich solche Standards eingehalten werden.

Zu erwartende Einwände

*Ist die zu etablierende Regel im Bereich möglicher fachlicher »Ansichtssachen«
angesiedelt?* In dem Fall können Sie mit fachlich motivierten oder verbrämten Einwänden konfrontiert werden. Welche könnten das sein?

Ist die Regel mit zusätzlichen Mühen verbunden? Manche Mitarbeiter erleben ihren Alltag bereits als sehr fordernd und entwickeln Widerstände gegen weitere Belastungen. Andere sind gut darin, zu klagen, ohne zu leiden.

Erfordert die Regel Veränderungen in der täglichen Arbeit des Mitarbeiters? Viele Menschen erleben Veränderungen in ihren täglichen Abläufen als belastend, selbst wenn das Ausmaß der damit verbundenen Aktivitäten objektiv sehr begrenzt ist.

Wird die Regel im Geltungsbereich allgemein befolgt? Wenn nicht, fragen sich viele Mitarbeiter »Warum sagt er das gerade mir« und mancher spricht es aus.

Auf dieser Stufe der Verhaltenssteuerung können Sie auf Einwände und Ausreden generell großzügig reagieren. Was immer der Mitarbeiter bisher für richtig gehalten hat und warum – das können Sie alles so stehen lassen. Von heute an muss er wissen, dass hier in diesem Unternehmen und in Ihrem Verantwortungsbereich die zu etablierende Regel gilt.

Gute Fragen

- »Ist Ihnen <die zu etablierende Regel> bekannt?«
- »Wie würden Sie in so einer Situation genau vorgehen / sich verhalten? Was wäre Ihre erste Reaktion?«
- »Haben Sie verstanden, was in so einer Situation von Ihnen erwartet wird?«
- »Ist Ihnen klar geworden, warum es für das Unternehmen wichtig ist, dass Sie sich genau an diese Regel halten?«
- »Kann ich mich in dieser Beziehung auf Sie voll verlassen?«

Dauer

So ein Gespräch dauert je nach Komplexität der Regel zwischen 15 und 30 Minuten.

Abschluss

»Frau/Herr XY, danke für das Gespräch. Ich bin jetzt sicher, dass Sie <die Regel> und ihre Bedeutung kennen und werde mir das notieren. Ich bin sicher, dass Sie sich daran in Zukunft konsequent halten werden. Schönen Tag noch!«

Dokumentation

Machen Sie sich eine schriftliche Notiz, dass Sie den Mitarbeiter über die die Regel in Kenntnis gesetzt haben.

Schlechte Nachricht

Anlass

Ihre Chefs haben eine Entscheidung getroffen, die für den Mitarbeiter nachteilige Konsequenzen hat. Dabei kann es sich um eine Umorganisation handeln, um die Ablehnung einer von Ihnen befürworteten Gehaltserhöhung oder einen anderen Anlass. Eine *Kündigung* ist hier nicht Thema.

»Schlechte Nachrichten« treten häufig in Unternehmen auf, die sich in einer schwierigen Marktsituation befinden, die schnelle und harte Entscheidungen verlangt. In jedem Unternehmen gibt es mal Entscheidungssituationen, wo der weitere Weg mit bestimmten Interessen einzelner Mitarbeiter nicht zur Deckung gebracht werden kann. Es ist dann Aufgabe der Führungskraft, das zu kommunizieren und den Mitarbeiter bei der Verarbeitung der Nachricht zu unterstützen.

Voraussetzung

Die Entscheidung, die Anlass zu der schlechten Nachricht gibt, ist gefallen. Sie sind berechtigt und vielleicht aufgefordert, die Betroffenen jetzt in Kenntnis zu setzen.

Ziele

Erstes Gesprächsziel ist, den Mitarbeiter über die gefallene Entscheidung in Kenntnis zu setzen. Weiter ist es Ziel, das Dramapotential aus der Situation zu nehmen und den Mitarbeiter bei einer realistischen und konstruktiven Verarbeitung dieser Information zu unterstützen. In der Regel sind es wirtschaftliche Erwägungen, die für die getroffenen Entscheidungen maßgeblich waren, die sich keinesfalls gegen den betroffenen Mitarbeiter persönlich oder bestimmte Mitarbeitergruppen richten. Ein drittes Ziel ist es, bei Bedarf deutlich zu machen, dass weitere Diskussionen um die fragliche Entscheidung müßig sind, da die Entscheidung bereits gefallen ist und es jetzt vielmehr darauf ankommt, das Beste daraus zu machen.

Herausforderung

Ihnen selber muss im Kopf und im Herzen klar sein, dass das Leben weiter geht. Nur so können Sie auf den Mitarbeiter entdramatisierend einwirken.

Vorgehensweise

Vorbereitung

Vorbereitend fragen Sie sich bitte, wie hart die schlechte Nachricht den Mitarbeiter wirklich trifft. Ist die Perspektive einer weiteren Zusammenarbeit in Frage gestellt? Hat er woanders bessere Chancen, seine Ziele zu erreichen? Oder handelt es sich für ihn um einen jener Rückschläge, die man auch in einer erfolgreichen Laufbahn gelegentlich wegstecken muss? Oder ist gar eine Portion »Klagen ohne zu Leiden« im Spiel?

Die nächste Frage lautet: Wird der Mitarbeiter die neuen Umstände realistisch bewerten? Das ist überhaupt nicht selbstverständlich. Aus welchem Blickwinkel sollte er die Sache nach Ihrer Ansicht betrachten, um seine eigenen Interessen und Chancen weiterhin auf realistische und motivierende Weise zu erkennen?

Was ist, wenn Sie selber die getroffene Entscheidung nicht überzeugt? Es hilft nichts, als Führungskraft dürfen Sie keinen Zweifel lassen, dass Sie die Entscheidung respektieren und loyal umsetzen werden. Sie müssen also so gut es Ihnen gegeben ist, die vorhandenen Argumente für die getroffene Entscheidung inhaltlich vertreten.

Was machen Sie, wenn Sie bekanntermaßen im Vorfeld für einen anderen Weg plädiert haben? Dann geben Sie sich als guter Verlierer: »Das Unternehmen musste sich für einen von vielen möglichen Wegen zum Ziel entscheiden und diesen Weg gehen wir nun.«

Gesprächsablauf

Das Gespräch beginnt immer damit, dass Sie die »schlechte Nachricht« mitteilen und die Hintergründe kurz erläutern. Geben Sie dem Mitarbeiter Gelegenheit, *Fragen* zu stellen.

Wenn der Mitarbeiter *Einwände* vorbringt, zeigen Sie Verständnis und räumen die wichtigsten Einwände aus. Lassen Sie das nicht ausufern.

Wenn der Mitarbeiter *emotionale Reaktionen* zeigt, zeigen Sie menschliches Verständnis und Empathie, ohne in der Sache zuzustimmen. Wenn der Mitarbeiter beginnt zu dramatisieren, ist es an Ihnen, das zu Recht zu rücken.

Gehen Sie dann in die Schlussphase des Gesprächs mit der Feststellung, dass die Entscheidung gefallen ist und es gilt daraus das Beste zu machen. Was kann und will der Mitarbeiter dazu beitragen? Geben Sie abschließend dem Mitarbeiter eine konkrete Aufgabe mit auf den Weg, um die neue Situation mental zu verarbeiten und praktisch mitzugestalten.

Zu erwartende Einwände

Der Mitarbeiter kann sachliche Einwände gegen die Entscheidung machen. Welche könnten das sein?

Der Mitarbeiter kann seine Enttäuschung ausdrücken, auch emotional.

Der Mitarbeiter kann dramatisieren, d.h. sich in unrealistischer Weise als Opfer inszenieren.

Dauer

15 Minuten, vermeiden Sie ausufernde Diskussionen!

Abschluss

Geben Sie dem Mitarbeiter abschließend eine Aufgabe mit, zum Beispiel so: »Herr XY, bitte finden Sie für sich einen Weg, diese Entscheidung zu akzeptieren. Ich weiß, dass das für Sie nicht leicht ist. Nicht immer kann man sich mit seinen Vorstellungen durchsetzen. Ich schätze Ihre Person und Ihre Leistung und möchte mit Ihnen weiterhin erfolgreich zusammen arbeiten und deshalb hoffe ich, dass Sie diesen Rückschlag verkraften werden. Bitte überlegen Sie sich, wie Sie Ihre Aufgaben unter den neuen Umständen angehen möchten und lassen Sie uns in der kommenden Woche darüber sprechen.«

Dokumentation

Je nach Bedeutung und Verlauf des Gesprächs erstellen Sie sich eine kurze Gesprächsnotiz.

Statusgespräch, periodisches (»Jour fixe«)

Anlass

Das regelmäßige Statusgespräch ist sehr effektiv, um mit dem betreffenden Mitarbeiter zielorientiert im Gespräch zu bleiben. Es bietet sich immer dort an, wo Ziele vereinbart sind und zwischen Führungskraft und Mitarbeiter im Arbeitsalltag kein regelmäßiger Kontakt besteht oder die Umstände ein Gespräch über die aktuellen Aufgaben und Ereignisse nicht ständig ermöglichen. Das Statusgespräch bietet sich gut zur Führung von Projektleitern an. Den Anlass müssen Sie selber schaffen, in dem Sie mit dem Mitarbeiter ein solches regelmäßiges Gespräch vereinbaren. Der zeitliche Abstand hängt vom Gesprächsbedarf, von der gewünschten Führungsnähe zum Mitarbeiter und der Dringlichkeit typischer Themen ab. Ein Zweiwochen-Rhythmus hat sich in vielen Fällen bewährt.

Voraussetzung

Ein Statusgespräch braucht eine Agenda und muss vorbereitet sein. Besonders effektiv ist das Format, wenn es mit dem Mitarbeiter vereinbarte Ziele gibt. Diese geben dann einen Rahmen und Bezugspunkt für den regelmäßigen Gesprächskontakt.

Ziele

Hauptziel des Statusgesprächs ist, den Mitarbeiter zu unterstützen und zugleich zu kontrollieren, ob er weiterhin auf dem Weg zum Ziel ist. Das regelmäßige Gespräch bietet Ihnen einen Rahmen, um auf dem Laufenden zu bleiben und eine Vielzahl von kleineren Angelegenheiten zeiteffizient abzuarbeiten. Nicht zuletzt ermöglicht es dem Mitarbeiter, mit der Führungskraft stets zeitnah die anstehenden Themen besprechen zu können.

Herausforderung

Bei der Vereinbarung eines regelmäßigen Statusgesprächs müssen Sie mit dem Mitarbeiter eine sinnvolle Standard-Agenda, die Häufigkeit und Dauer vereinbaren. Machen Sie dem Mitarbeiter klar, dass es „sein" Meeting ist: Wenn er von Ihnen Entscheidungen haben möchte, soll er Ihnen vorab angemessene Informationen (keine Papierberge) zukommen lassen. Kommen Sie vorbereitet ins Meeting und beenden Sie das Statusgespräch, wenn die vereinbarte Zeit um ist.

Vieraugentermine außerhalb des Statusgesprächs machen Sie nur noch bei speziellen Gesprächsanlässen (z.B. Jahresgespräch) oder akutem Bedarf.

Vorgehensweise

Ideal ist die Vorbereitung in Form eines kurzen schriftlichen Berichts seitens des Mitarbeiters. Eine brauchbare Grundstruktur für Agenda und Bericht ist:

1. *Status Zielerreichung: Was wurde im Berichtszeitraum erreicht zur Erreichung der vereinbarten Ziele? Wie sicher ist die Zielerreichung aus heutiger Sicht zu erwarten?*
2. *Besondere Vorkommnisse im Berichtszeitraum*
3. *Vom Mitarbeiter benötigte Informationen, Ressourcen, Entscheidungen, Unterstützung*

Wenn der Mitarbeiter Ihnen 48 Stunden vor dem Gespräch einen kompakten Bericht dieser Art mailt, dann ist das von seiner Seite schon eine gute Gesprächsvorbereitung und Sie können sich auf die Gesprächsbedürfnisse des Mitarbeiters vorbereiten. Ergänzend lassen Sie den Mitarbeiter vorab wissen, welche Themen Sie besprechen wollen und welche Art von Vorbereitung Sie erwarten.

Zu Gesprächsbeginn legen Sie gemeinsam die Agenda und den Zeitrahmen für die einzelnen Punkte abschließend fest. Anschließend werden die Punkte abgearbeitet. Die einzelnen Punkte folgen meist einem der hier beschriebenen Gesprächsformate, z.B. *Anerkennung, Anleitung, Anweisung, Beschwerde, Delegation, Eskalation, Feedback, Intervention.*

Zu erwartende Einwände

Dieses Gesprächsformat orientiert sich an den vereinbarten Ziel und den sich daraus ergebenden Erfordernissen. Damit steht der Mitarbeiter per se unter Anforderungsdruck, für die Zielerreichung Verantwortung zu übernehmen. Dabei sitzen Sie beide im gleichen Boot, denn der Erfolg des Mitarbeiters ist Teil Ihres Erfolgs. Die Blickrichtung des Gesprächs ist immer ziel- und lösungsorientiert.

Bei Schwierigkeiten kann es zu Versuchen des Mitarbeiters kommen, sich der Verantwortung für die Situation zu entledigen: Schuldzuweisungen an Dritte, Infragestellung der Ziele, Rückdelegation der Verantwortung an Sie.

Bei ungelösten Problemen, insbesondere wenn sie unerwartet eintreten, kann der Mitarbeiter sich davon mental überwältigen lassen. Er sieht dann den sprichwörtlichen Wald vor Bäumen nicht und wird bestrebt sein, Ihnen ausführlich die Probleme zu schildern. Das kann sich zu einer schlechten Angewohnheit auswachsen. Bestehen Sie darauf, dass Mitarbeiter Ihnen nicht Probleme, sondern vor allem brauchbare Lösungsvorschläge präsentieren.

Gute Fragen

Es steht Ihnen das ganze Spektrum der Fragen aus dem Abschnitt *Gesprächssteuerung* zur Verfügung.

Spezielle Fragen, die die Aufmerksamkeit auf die Lösung lenken:

- »Welche Lösungsmöglichkeiten sehen Sie für das Problem?«
- »Welche Vorgehensweise bevorzugen Sie unter diesen Umständen?«
- »Wie können Sie trotz der eingetretenen Schwierigkeiten jetzt das Ziel noch erreichen?«

Dauer

Zwischen 60 und 120 Minuten. Möglicherweise erscheinen Ihnen 120 Minuten lang. Ein regelmäßiges Statusgespräch schafft Ihnen zahlreiche kleine Rückfragen und Abstimmgespräche vom Hals. Nur noch in seltenen Fällen wird eine Ad-hoc-Abstimmung mit dem Mitarbeiter erforderlich sein.

Abschluss

Lassen Sie den Mitarbeiter die wesentlichen Ergebnisse zusammenfassen.

Dokumentation

Beauftragen Sie den Mitarbeiter, die wesentlichen Ergebnisse kurz zu protokollieren.

Verabschiedung

Anlass

Ein Mitarbeiter wechselt in einen anderen Unternehmensbereich oder er hat gekündigt und verlässt das Unternehmen oder er geht in den Ruhestand.

Für Mitarbeiter, die Sie gekündigt haben oder die das Unternehmen im Streit verlassen, ist dieses Format nicht geeignet.

Soll man so ein Gespräch mit leistungsschwachen Mitarbeitern durchführen, wenn man vielleicht innerlich froh ist, den Mitarbeiter abzugeben? Meine Empfehlung lautet: Ja. Auch diese Mitarbeiter können Ihnen interessante Informationen geben. Es darf aber schneller gehen als sonst.

Voraussetzung

Laden Sie den Mitarbeiter zu einem Abschiedsgespräch an einem seiner letzten Tage in Ihrem Bereich ein.

Ziele

Das Gespräch hat zwei Ziele: Die hierarchische Arbeitsbeziehung zu dem Mitarbeiter respektvoll zu beenden und ein letztes und oft sehr aufschlussreiches Feedback einzuholen.

Herausforderung

Sich die Zeit nehmen. Manchmal: Sich unkomfortable Wahrnehmungen anhören.

Vorgehensweise

Stellen Sie dem Mitarbeiter Fragen, um ihn zu Feedback anzuregen. Mitarbeiter, die gehen, sind oft besonders mitteilungsbereit, was die von ihnen erlebten Vorzüge und Schwachstellen betrifft. Wenn Sie respektvolles Interesse zeigen, bekommen Sie eine besonders ungeschminkte Mitarbeitersicht zu hören, die Ihnen für die Arbeit mit den übrigen Mitarbeitern oder bestimmten Themen sehr nützlich sein kann. Erkundigen Sie sich nach den weiteren Perspektiven des Kollegen. Sehr aufschlussreich ist es, wenn der Kollege bereit ist, Ihnen seine Wechselmotive zu erläutern oder seinen zukünftigen Arbeitgeber zu nennen.

Bedanken Sie sich für die Zusammenarbeit und vereinbaren gegebenenfalls für die Zukunft eine passende Vernetzung. Man sieht sich meistens zweimal! Die Art und Weise, wie Sie jemanden verabschieden, sagt den verbleibenden Mitarbeitern etwas darüber, welchen Wert für Sie die Person des einzelnen Mitarbeiters hat.

Gute Fragen

- »Wenn Sie zurück schauen, was hat Ihnen hier besonders gut gefallen?«
- »Was glauben Sie, sollten wir hier in Zukunft noch besser machen?«
- »Wie kam das denn, dass Sie gerade jetzt zu einem anderen Arbeitgeber / in einen anderen Unternehmensbereich wechseln?«
- »Darf ich erfahren, wer Ihr neuer Arbeitgeber sein wird?«
- »Sind Sie daran interessiert, in Kontakt mit mir bzw. dem Unternehmen zu bleiben?«

Dauer

In der Regel 15 Minuten, im Einzelfall bis 30 Minuten.

Abschluss

Bedanken Sie sich für das Gespräch und für die zurückliegende Zusammenarbeit. Wiederholen Sie eventuelle Verabredungen, wie Sie in Kontakt bleiben möchten und wünschen dem Mitarbeiter für seine neue Aufgabe und seinen weiteren Weg alles Gute.

Dokumentation

Falls Sie wichtige Informationen erhalten haben, machen Sie sich eine Notiz.

Veränderungen

Anlass

Sie beabsichtigen Veränderungen herbei zu führen, die den Arbeitsplatz des Mitarbeiters betreffen. Idealerweise findet das Gespräch zu einem Zeitpunkt statt, an dem noch nicht alle Details abschließend entschieden sind, so dass Sie den Mitarbeiter in Ihr Vorgehen einbinden können.

Voraussetzungen

Wenn Sie das Gespräch mit einem betroffenen Mitarbeiter suchen, sollten Sie sich zuvor vergewissert haben, dass Sie über die erforderlichen Handlungsspielräume und bei größeren Vorhaben die Unterstützung Ihrer Chefs für Ihr Vorhaben verfügen.

Sodann sollten Sie sich überlegt haben, in welchem Umfang Sie den Mitarbeiter in die Gestaltung der Veränderung einbeziehen können; lieber mehr als weniger. Begrenzte Fähigkeiten und Kenntnisse oder eine unzureichende Motivation setzen Ihnen dabei Grenzen. Wenn der Mitarbeiter mit den von Ihnen intendierten Veränderungen keinerlei eigene Erfahrungen hat, dadurch eher verunsichert ist und seine Motivation in der Vergangenheit bereits bei Schwierigkeiten einbrach, dann wird dieser Kollege sich nicht als treibende Kraft der gewünschten Veränderung erweisen.

Ziele

Ziel ist es, die aktive Unterstützung des Mitarbeiters für die angestrebte Veränderung zu gewinnen, eventuell vorhandene Einwände auszuräumen und ihn in geeigneter Weise in die Entscheidungen und praktischen Umgestaltungsschritte einzubeziehen.

Herausforderung

Ihre Ziele faszinierend vertreten. Auf die Ihnen unbegründet erscheinenden Einwände geduldig eingehen.

Vorgehensweise

Wenn Sie mit einem sehr fähigen und motivierten Mitarbeiter sprechen, dann zeigen Sie einfach nur auf, wo Sie hin wollen, und fragen den Mitarbeiter nach seinen Ideen, wie Sie dort hinkommen. Sofern bestimmte Umstände der Veränderungen schon feststehen, etwa durch gesetzliche Regelungen oder Vorgaben höherer Führungsebenen, dann zeigen Sie diese Punkte in Ihrer Einleitung auf. Stellen Sie nichts zur Diskussion, was längst entschieden ist! In dem Gespräch, das sich anschließend ergibt, ist es Ihre Aufgabe, die besten Ideen auszufiltern und anzuerkennen. Ihre Anerkennung ermutigt den Mitarbeiter, sich auf den weiteren Veränderungsprozess einzulassen, indem er seine eigene Veränderungskompetenz und Ihr Vertrauen in diese positiv erlebt. Häufig werden Sie sich zunächst mit generellen Einwänden gegen Ihre Zielvorstellungen auseinander setzen müssen (siehe unten, unter Einwände). Wenn Sie und der Mitarbeiter eine Anzahl brauchbarer Ideen festgehalten haben, fragen Sie den Mitarbeiter, was er zu der Veränderung beitragen kann. Greifen Sie die besten Vorschläge auf und treffen dazu eine Vereinbarung mit dem Mitarbeiter.

Bei einem in Bezug auf die beabsichtigte Veränderung weniger kompetenten und motivierten Mitarbeiter gehen Sie im Prinzip genauso vor, nur dass Sie von vornherein bestimmte Vorgaben machen und die Reichweite Ihrer offenen und gestaltbaren Fragen so begrenzt ist, dass auch dieser Mitarbeiter in der Lage ist, etwas Sinnvolles beizutragen. Dafür müssen bestimmte Entscheidungen bereits klar sein. Das Gespräch wird also in diesem Fall später stattfinden.

Falls in Ihrem Team unfähige und unmotivierte Mitarbeiter sein sollten, dann teilen Sie ihnen die anstehenden Veränderungen rechtzeitig mit und nicht früher.

Zu erwartende Einwände

Einwände gegen Veränderungen gibt es viele, zum Beispiel:

- »Heißt das, dass wir hier die ganze Zeit nur Mist gemacht haben?«
- »Ist das überhaupt möglich (oder ist das nur eine überspannte Idee unserer Chefs)?«
- »Können wir hier mit unseren Erfahrungen und Fähigkeiten das schaffen?«
- »Kann ich das, was meine neue Rolle sein soll?«
- »Die Vorteile bzw. Nachteile der Veränderung sind ungerecht verteilt.«
- »Für mich bringt das spürbare Nachteile mit sich.«

- Manchmal trauen sich die Mitarbeiter nicht, ihre Einwände auszusprechen und tarnen sie hinter Vorwänden: »Das geht nicht, weil…«.

Wenn Einwände auf Verunsicherung beruhen, dann können Sie durch Information, Darlegung Ihrer Ziele und Einbeziehung des Mitarbeiters der Verunsicherung entgegenwirken. Vorteile, die der Mitarbeiter zu erwarten hat, müssen Sie aktiv aufzeigen. Sie können nicht erwarten, dass der Mitarbeiter von sich aus sofort eine realistische Einschätzung hat. Wenn es um echte Nachteile für den Mitarbeiter geht, müssen Sie die zwar nicht größer malen als sie sind, aber es hilft nichts, darum herum zu reden. Zeigen Sie auf, welche Vorteile für das Unternehmen erreicht werden sollen. Wenn es um das große Ganze geht, müssen individuelle Interessen zurückstehen. In einem gewissen Rahmen muss und wird diesen Gedanken jeder Mitarbeiter respektieren. Dann ist es Ihre Aufgabe, das als verantwortliche Einstellung des Mitarbeiters zu würdigen. Im Rahmen Ihrer Möglichkeiten können Sie persönliche Härten durch Entgegenkommen bei anderen Themen kompensieren.

Gute Fragen

- »Wie sehen Sie das?« (Einladung, vorhandene Einwände vorzutragen)
- »Wie glauben Sie, könnte man so etwas erreichen?«
- »Was können Sie dazu beitragen?«

Dauer

Ein solches Gespräch wird je nach Tragweite zwischen 30 und 90 Minuten erfordern.

Abschluss

Fassen Sie die Diskussion zusammen und bekräftigen Sie Lösungsideen und vereinbarte Beiträge des Mitarbeiters. Treffen Sie mit dem Mitarbeiter eine Vereinbarung zu den nächsten Schritten und gegebenenfalls für den nächsten Termin.

Dokumentation

Wenn der Mitarbeiter Aufgaben übernommen hat, lassen Sie ihn die getroffene Vereinbarung dokumentieren.

Zielvereinbarung oder Zielvorgabe, operativ

Anlass

Sie möchten mit einem Mitarbeiter eines oder mehrere operative Ziele festlegen. Diese Absicht ist durch operative Erfordernisse veranlasst.

Abgrenzung: In vielen Unternehmen ist es üblich, mit bestimmten Mitarbeitern qualitative oder quantitative Jahresziele zu vereinbaren, deren Erreichung häufig mit finanziellen Zuwendungen gekoppelt ist. Dieses Szenario finden Sie unter *jährliche Zielvereinbarung*.

Voraussetzung

Sie sollten selber eine Vorstellung haben, woran Sie erkennen werden, dass ein von Ihnen gewünschtes Ziel erreicht wurde und wie groß der Spielraum bei der Zieldefinition ist, den auszufüllen Sie den Mitarbeiter einladen werden. Nicht selten beschränkt sich die Einbeziehung des Mitarbeiters auf die Frage, wie das Ziel am besten zu erreichen ist. Bei schwach motivierten oder wenig fähigen Mitarbeitern müssen Sie das Ziel und oft den Weg dorthin genau vorgeben (Zielvorgabe). Erstellen Sie zur Gesprächsvorbereitung eine Liste der Aspekte, die Sie im Gespräch mit dem Mitarbeiter tatsächlich diskutieren und vereinbaren wollen.

Ziele

Gesprächsziel ist es, mit dem Mitarbeiter ein operatives Ziel zu vereinbaren, bzw. ein solches Ziel vorzugeben, für dessen Erreichung er Verantwortung übernimmt.

Operative Ziele sollen sinnvoll, bearbeitbar und konkret sein. Sinnvoll ist ein Ziel, wenn sein Erreichen für Kunden oder andere Stake Holder einen Nutzen hat und zum Geschäftserfolg beiträgt. Bearbeitbar für den Mitarbeiter ist es, wenn er über die erforderlichen Ressourcen, Entscheidungskompetenzen und persönlichen Fähigkeiten verfügt, um Verantwortung für die Zielerreichung zu übernehmen. Konkret ist ein Ziel, wenn sich genau spezifizieren lässt, woran Sie und der Mitarbeiter erkennen werden, ob es erreicht ist oder nicht und wenn der Zeitrahmen definiert ist. Für die persönliche Entwicklung und Motivation des Mitarbeiters ist es darüber hinaus förderlich, wenn er Gelegenheit hat, an anspruchsvollen Zielen zu arbeiten. Darunter sind Ziele zu verstehen, die ihn fordern, seine Fähigkeiten zu mobilisieren und weiter zu entwickeln. Die vorstehenden Feststellungen sind nur scheinbar selbstverständlich. In Wirklichkeit ist es stets eine Herausforderung, ein Ziel so zu fassen, dass es als sinnvoll, bearbeitbar, konkret und anspruchsvoll erkennbar ist. Deshalb sollten Sie sich auf ein solches Gespräch sorgfältig vorbereiten, indem Sie schon einmal verschiedene Varianten durchspielen.

Häufig hört man, Ziele sollten »realistisch« sein. Was heißt das? Realistisch ist ein Ziel, wenn ein erfolgversprechender Weg bekannt ist und die erforderlichen Ressourcen zur Verfügung stehen, oder wenn man erwartet, dass dies mit überschaubaren Anstrengungen gewährleistet werden kann. »Realistische« Ziele erscheinen also als mit etwas Mühe sicher erreichbar.

Allerdings kann man auch »unrealistische« Ziele vereinbaren wie jener spanische König, der Columbus beauftragte: »Entdecken Sie den westlichen Seeweg nach Indien.« Der König und Columbus gingen ins Risiko. Columbus glaubte zeitlebens, er sei in Indien gelandet. Wie wir heute wissen, stimmte das nicht. Das Projektziel wurde verfehlt. Trotzdem hatten der König und Columbus Glück, denn gestützt auf die Entdeckung des Columbus wurde Spanien in kurzer Zeit die erste wirklich globale Weltmacht. Auch in der heutigen Geschäftswelt gibt es häufig Aufgaben, die einen »Aufbruch ins Ungewisse« erfordern, um einem Unternehmen oder einem Bereich neue Ideen und Perspektiven zu erschließen. »Realismus« ist also kein Muss und es ist legitim, wenn Sie Mitarbeitern abverlangen, sich auf unbekanntem Gelände zu bewähren. Zumindest so viel »Realismus« ist angezeigt, dass Sie sich die aktuelle Eignung des Mitarbeiters für diese Art von Aufgaben bewusst machen. Den Umgang mit ergebnisoffenen Prozessen lernen Ihre Mitarbeiter, wie andere Dinge auch, am leichtesten in kleinen Schritten.

Herausforderung

Gute Vorbereitung ist unerlässlich. Wohldefinierte Ziele zu vereinbaren bzw. vorzugeben ist eine anspruchsvolle Aufgabe.

Vorgehensweise

Wie kann der Mitarbeiter sich in sinnvoller Weise auf das Gespräch vorbereiten? Stellen Sie ihm vorab eine Vorbereitungsaufgabe!

Eröffnen Sie das Gespräch damit, dass Sie Ihr Gesprächsziel aufzeigen: Eine tragfähige Verständigung auf ein operatives Ziel, für das der Mitarbeiter Verantwortung übernimmt. Machen Sie deutlich, was davon diskussionsbedürftig bzw. verhandlungsfähig ist und was praktisch durch die Umstände oder durch Ihre Entscheidung schon vorgegeben ist.

Vergewissern Sie sich, dass der Mitarbeiter versteht, was Sie wollen.

Diskutieren Sie das Ziel mit dem Mitarbeiter. Zeigen Sie die Sinnhaftigkeit auf. Befragen Sie den Mitarbeiter zu seinen Erfahrungen und Lösungsideen. Stellen Sie bestimmte Aspekte, die Sie mit ihm gemeinsam klären möchten, zur Diskussion. Erläutern Sie, welche Unterstützung Sie anbieten möchten. Sagen Sie, was Sie konkret erwarten. Gehen Sie auf Einwände ein. Stellen Sie sicher, dass die Punkte auf Ihrer Liste abgearbeitet sind.

Vergewissern Sie sich, dass aus Sicht des Mitarbeiters das Ziel und der einzuschlagende Weg hinreichend geklärt ist.

Zu erwartende Einwände

Bei anspruchsvollen Zielen ist es absolut legitim, wenn der Mitarbeiter diese zunächst mit Einwänden abklopft. Einwände können sich beziehen auf die Sinnhaftigkeit des Ziels, auf die Erreichbarkeit (»Realismus«), die Verfügbarkeit erforderlicher Ressourcen und Selbstzweifel des Mitarbeiters an der eigenen Eignung.

Wenn der Mitarbeiter die Verantwortung nicht annehmen möchte, etwa weil er an den Erfolgschancen zweifelt oder weil er die erwarteten Anstrengungen scheut, und dies nicht offen sagen möchte, kann es zu Ausreden kommen (»Keine Zeit«, »Andere Projekte« usw.).

Gute Fragen

- »Welche Erfahrungen haben Sie bisher in diesem Bereich?«
- »Wie sehen Sie diese Aufgabe?«
- »Ist Ihnen die Aufgabe und ihre Bedeutung für das Unternehmen klar?«
- »Was ist aus Ihrer Sicht die Herausforderung?«
- »Wie wollen Sie an die Sache herangehen?«
- »Wie kann ich Sie unterstützen?«

Dauer

Wenn es um eine wirklich anspruchsvolle Aufgabe geht, dann sollten Sie etwas Geduld haben. Geben Sie dem Mitarbeiter bei Bedarf Gelegenheit, Unsicherheiten abzuklären, die Sache zu überschlafen, mit seinem Lebenspartner zu besprechen und dergleichen. Setzen Sie dafür einen verbindlichen Rahmen, etwa ein paar Tage oder eine Woche.

Alltäglichere Ziele vereinbaren Sie in einem Gespräch zwischen 30 und 60 Minuten.

Abschluss

Nehmen Sie den Mitarbeiter ins Commitment. Lassen Sie ihn die getroffene Vereinbarung zusammenfassen. Bedanken Sie sich höflich und wertschätzend und erläutern Sie Ihre Erwartungen zur weiteren Zusammenarbeit und Kommunikation in dieser Sache. Vereinbaren Sie den nächsten gemeinsamen Schritt.

Dokumentation

Lassen Sie den Mitarbeiter die vereinbarten bzw. vorgegebenen Ziele dokumentieren.

Zielvereinbarung, jährlich

Anlass

In vielen Unternehmen ist es üblich, mit Mitarbeitern Jahresziele zu vereinbaren. Häufig werden die Ziele ab einer bestimmten Gehaltshöhe mit erfolgsabhängigen Gehaltsanteilen verknüpft, deren Auszahlung vom Erreichen der Jahresziele abhängig gemacht wird. Es gibt auch Unternehmen, in denen Jahresziele ohne finanziellen Anreiz vereinbart werden. In beiden Fällen soll das Jahresziel motivierend wirken und wenn es mit einem finanziellen Anreiz verbunden ist, soll es den Mitarbeiter in eine begrenzte unternehmerische Mitverantwortung nehmen.

Voraussetzung

Überlegen Sie sich gut, welche Jahresziele aus Ihrer Sicht für den Mitarbeiter in Betracht kommen. Welche geschäftlichen Aspekte im Verantwortungsbereich des Mitarbeiters kommen für ein Jahresziel in Betracht?

Ziele

Gesprächsziel ist es, mit dem Mitarbeiter ein Jahresziel zu vereinbaren, für dessen Erreichung er Verantwortung und gegebenenfalls finanzielle Konsequenzen übernimmt.

Zu vereinbarende Jahresziele sollen sinnvoll, bearbeitbar, konkret und anspruchsvoll sein (siehe dazu unter Zielvereinbarung oder Zielvorgabe, operativ). Im Allgemeinen werden mögliche Jahresziele nicht extra für die Jahreszielvereinbarung erfunden, sondern ergeben sich aus den ohnehin operativ anliegenden Aufgaben.

Bei Jahreszielen kommt zu den genannten Kriterien hinzu, dass das Ziel in etwa mit dem Jahreshorizont korrespondieren sollte. Das ist nicht immer einfach, denn oft verändern sich die Umstände, und was zwölf Monate vorher als gutes Jahresziel erschien, ist dann Schnee von gestern. Ob das Ziel dann dennoch als erreicht gezählt wird oder nicht, wird so zur willkürlichen Ermessenssache der Führungskraft. Nachhaltige Motivationseffekte sind unter solchen Umständen nicht zu erzielen und es besteht die Gefahr von demotivierenden Enttäuschungen.

Insbesondere bei finanziellen Auswirkungen für den Mitarbeiter ist die erwartbare Beständigkeit des Ziels ein wichtiges Auswahlkriterium.

Herausforderung

Gute Vorbereitung ist unerlässlich. Wohldefinierte Ziele zu vereinbaren bzw. vorzugeben ist eine anspruchsvolle Aufgabe. Oft ist der Gestaltungsspielraum begrenzt. Die Herausforderung ist dann, ihn für eine Zielvereinbarung konsequent zu nutzen.

Vorgehensweise

Je motivierter und leistungsfähiger der Mitarbeiter Ihnen erscheint, desto bereitwilliger gehen Sie das Gespräch als Dialog an und sind offen, Ihr Konzept durch Ideen des Mitarbeiters bereichern zu lassen. Bei unzureichend motivierten und wenig fähigen Mitarbeitern geben Sie die Jahresziele vor.

Zu erwartende Einwände

Bei anspruchsvollen Zielen ist es absolut legitim, wenn der Mitarbeiter diese zunächst mit Einwänden abklopft. Einwände können sich beziehen auf die Sinnhaftigkeit des Ziels, auf die Erreichbarkeit (»Realismus«), die Verfügbarkeit erforderlicher Ressourcen und Selbstzweifel des Mitarbeiters an der eigenen Eignung.

Wenn der Mitarbeiter die Verantwortung nicht annehmen möchte, etwa weil er an den Erfolgschancen zweifelt oder weil er die erwarteten Anstrengungen scheut, und dies nicht offen sagen möchte, kann es zu Ausreden kommen (»Keine Zeit«, »Andere Projekte« usw.).

Gute Fragen

- »Haben Sie einen Vorschlag für ein Jahresziel?«
- »Wie sehen Sie dieses Ziel?«
- »Werden Sie das erreichen?«
- »Ist Ihnen das Ziel klar?«
- »Woran werden Sie und ich erkennen, dass Sie das Ziel erreicht haben?«
- »Sind Sie mit dieser Zielvereinbarung einverstanden?«

Dauer

Ein Gespräch zur Vereinbarung von Jahreszielen sollte bei guter Vorbereitung 15 bis 30 Minuten dauern.

Abschluss

Fragen Sie den Mitarbeiter abschließend, ob er mit der besprochenen Zielvereinbarung einverstanden ist. Wenn ein motivierter und fähiger Mitarbeiter einmal nicht einverstanden sein sollte, steigen Sie nochmal in das Gespräch ein. Die Zielvereinbarung soll den Mitarbeiter ja motivieren!

Dokumentation

In den meisten Unternehmen gibt es genaue Vorgaben, wie die vereinbarten Jahresziele dokumentiert werden. Andernfalls schreiben Sie die Ziele formlos in genauen Worten auf. Lassen Sie den Mitarbeiter die Ziele unterschreiben.

Training mit der Webcam

Wissen und Können sind zwei verschiedene Dinge. Wenn Sie wissen, wie es richtig gemacht wird, heißt das noch lange nicht, dass Sie das auch in der Praxis hinbekommen. Übung macht den entscheidenden Unterschied. Auch Gespräche kann man üben. Besonders gut geht das in einem Trainingsseminar oder im Coaching. Noch wenig bekannt ist, wie gut sich Gesprächstechniken mit Hilfe einer Webcam üben lassen. Das hat mehrere Vorteile: Sie können üben, wann immer Sie wollen. Sie sind von niemandem abhängig und wenn Ihnen ein Gesprächsansatz misslingen sollte − das kommt vor − dann ist Niemand da, vor dem Ihnen das peinlich sein könnte. Trotzdem können Sie sich von einem Lernpartner oder einer sonstigen Vertrauensperson problemlos ein Feedback holen, denn Ihre Gesprächsübungen haben Sie ja als Videoclips auf Ihrem Computer gespeichert. In diesem Abschnitt werden Sie sehen, wie einfach das Üben mit der Webcam ist. Versuchen Sie es mal!

Falls Ihr Computer noch über keine Webcam verfügt, dann erhalten Sie im Fachhandel brauchbare und problemlos installierbare Geräte für unter 20€. Ein einfaches Gerät tut es!

Wie Sie die Webcam nutzen

Wie nutzen Sie die Webcam? Diese erstaunlich leistungsfähigen Geräte werden mit einer Software zur Steuerung geliefert. Wenn Sie das Programm aufrufen, finden Sie dort einen Knopf, mit dem Sie durch einen Mausklick die Aufnahme eines Videos starten können. Sie sehen dann während der Aufnahme sich selber vor der Webcam sprechen und haben die Möglichkeit, durch einen weiteren Mausklick die Aufnahme zu beenden. Nach Beendigung der Aufnahme wird der erstellte Videoclip auf der Festplatte Ihres Computers gespeichert. In der Steuerungssoftware erscheint unten ein Symbol (»Thumbnail«), das den neuen Videoclip repräsentiert. Wenn Sie darauf mit der Maus klicken, wird das Video abgespielt und Sie können Ihre Aufnahme begutachten. Bitte probieren Sie das einmal aus, es ist völlig unkompliziert! Wenn Sie sich mit der Funktion der Webcam soweit vertraut gemacht haben, dann sollten Sie noch kurz den Sound und die Ausleuchtung prüfen, damit Sie sich hinterher selber erkennen und verstehen können!

Soundcheck

Die Webcam nutzt entweder das Mikrofon Ihres Computers oder sie hat ein eigenes Mikrofon. Unter Windows können Sie in der Systemsteuerung unter »Sound« nachschauen, welches Mikro zur Aufnahme zugeordnet ist. Vor allem empfehle ich Ihnen, zu überprüfen, ob der Eingangspegel des Mikrofons auf dem Maximalwert steht. Es wäre schade, wenn Sie Ihre Aufnahme hinterher nicht verstehen, weil sie zu leise ist.

Ausleuchtung

Bitte prüfen Sie die Ausleuchtung Ihres Gesichts bei der Aufnahme. Sind Sie gut zu erkennen? Wenn nicht, dann können schon geringe Veränderungen der Beleuchtung Abhilfe schaffen. Tageslicht vom Fenster ist sehr gut zu gebrauchen. Nur Neonröhren können zu merkwürdigen Effekten führen, weil sich deren Frequenz mit der Filmfrequenz überlagert. Gestreifte und erst recht karierte Hemden und Blusen führen bei jeder Beleuchtung zu unkontrolliertem Flimmern auf der Aufnahme. Am besten tragen Sie vor der Kamera Uni!

Wie Sie mit der Webcam trainieren

Sie sind nun bereit, die Webcam für Übungsaufgaben einzusetzen. Im nächsten Abschnitt finden Sie verschiedene Übungsaufgaben. Wenn Sie sich eine Aufgabe gesucht haben, dann starten Sie die Aufnahmefunktion Ihrer Webcam und sprechen in die Webcam zu dem fiktiven Mitarbeiter! Anschließend betrachten Sie das Ergebnis. Fällt Ihnen etwas auf, das besser geht? Dann bitte gleich noch einmal! Meistens ist der erste Versuch verbesserungsfähig. Das ist normal, lassen Sie sich nicht entmutigen! Nach mehreren Anläufen werden Sie eine deutliche Verbesserung erkennen und in den meisten Fällen ein richtig gutes Ergebnis erzielen.

Am besten beginnen Sie mit einem Ausreden-Training und suchen sich dann weitere Aufgaben aus, die Sie reizen. Es ist nicht schwer, sich etwas Trainings-Routine anzueignen. Sobald Sie diesen Punkt erreicht haben, können Sie aus jeder aktuellen Gesprächsherausforderung eine interessante Trainingsaufgabe ableiten. Die wird Ihnen helfen, sich auf das anstehende Gespräch vorzubereiten. Bevor es mit den Übungsaufgaben los geht, noch ein paar Hinweise zur Bewertung Ihrer Übungsaufnahmen und zum Thema Feedback.

Beurteilung Ihrer Übungsaufnahmen

Wenn Sie Ihre Video-Aufnahmen betrachten, werden Ihnen sofort Verbesserungsmöglichkeiten auffallen. Hier noch ein paar Fragen, die Sie dabei unterstützen, Ihr Verbesserungspotential aufzuspüren:

- Ist die Aussage der Führungskraft klar, unmissverständlich und auf den Punkt?
- Nutzt die Führungskraft die positive Handlungssprache und vermeidet Negativformulierungen?
- Hat die Führungskraft ihre Erwartungen und Wünsche klar ausgedrückt?
- Gelingt es der Führungskraft, eine Balance zwischen respektvoller Ansprache, forderndem Anspruch und wohlmeinender Freundlichkeit zu finden?
- Ist das Statement geeignet, den Mitarbeiter positiv betroffen zu machen?
- Ist die Körpersprache und Mimik mit der inhaltlichen Aussage kongruent?
- Befindet sich das äußere Erscheinungsbild im Einklang mit der Rolle und Botschaft?
- Würden Sie als Mitarbeiter auf diese Art der Ansprache positiv reagieren?

Die Fragen stehen Ihnen als Fragebogen aufbereitet zum Download zur Verfügung: www.top-managementberatung.de/buch-erfolgreiche-mitarbeitergespraeche/ .

Feedback eines Partners einholen

Dass Sie das Training mit der Webcam unabhängig von anderen durchführen können, hat viele Vorteile. Was Ihnen dabei noch fehlt, ist Feedback. Sie brauchen einen verständigen und geduldigen Partner, der Ihnen unabhängig von Ihrer eigenen Selbstwahrnehmung realistisches Feedback gibt. Sehr zu empfehlen sind Lernpartnerschaften auf Gegenseitigkeit. Selbstverständlich kann ein professioneller Trainer oder Coach Ihnen Feedback geben. Auch einen Kollegen Ihres Vertrauens oder Ihren Lebenspartner können Sie mit dem anhängenden Fragebogen ausrüsten und so wertvolle Rückmeldungen erhalten.

Übungsaufgaben

Standard-Ausreden-Training

Standardvorwände sollen Sie routiniert kontern können. Deshalb diese Übung. Wählen Sie eine der genannten häufigen Ausreden:

- »Dafür hab ich keine Zeit.«
- »Das geht nicht, weil…«
- »Dafür hab ich keine Ausbildung.«
- »Dafür werde ich nicht bezahlt.«
- »Das kann ich nicht.«
- »Der Kollege hat mich hängenlassen und deshalb konnte ich nicht anders.«
- »Unsere Chefs erwarten, dass wir im Vertrieb jede Möglichkeit ausnutzen.«
- »Der Kunde wollte das unbedingt so haben.«
- »Ich wurde unter Druck gesetzt.«
- »Die Straßenbahn war zu spät..«
- »Das Computerprogramm funktionierte nicht.«
- »Die Umstände ließen nichts anderes zu.«
- »Der Herr M. macht das immer so. Und wenn ich es einmal mache, dann bekomme ich gleich was zu hören. Da sollten Sie zuerst mal mit dem Herrn M. reden.«
- »In der Abteilung XY haben wir das immer so gemacht und es hat nie einer was gesagt.«
- »Das war ein einmaliger Einzelfall, das passiert mir sonst nie.«
- »Der Kunde hat das doch gar nicht gemerkt.«
- »Es ist doch gar nichts passiert.«
- »Jetzt machen Sie aber aus einer Mücke einen Elefanten.«
- »Muss man da gleich so ein Ding draus machen?«

Stellen Sie sich vor, Sie haben einen neuen Mitarbeiter. Geben Sie ihm einen fiktiven Namen, der mit keinem realen Namen Ihrer Mitarbeiter übereinstimmt. Überlegen Sie sich eine alltägliche Situation in Ihrem Umfeld, in der der neue Mitarbeiter diese Ausrede anbringt. Alles klar? Am besten bearbeiten Sie gleich noch eine zweite Ausrede!

Ausreden-Training für Fortgeschrittene

Die Standard-Ausreden bekommen Sie überall zu hören. Darüber hinaus gibt es in jedem Geschäft ein paar branchenübliche Klassiker. Welche Ausreden sind bei Ihnen üblich? Machen Sie eine Sammlung auf und trainieren gezielt damit!

Killer-Phrasen-Training

Die Abwehr von Killerphrasen kann trainiert werden. Welchen Vorschlag wollen Sie demnächst an Ihrem Arbeitsplatz ins Gespräch bringen? Nehmen Sie zunächst mit der Webcam auf, wie Sie diesen Vorschlag vortragen. Wie immer, können Sie nach Bedarf wiederholen und sich dabei verbessern. Anschließend stellen Sie sich vor, dass man Ihren Vorschlag mit einer Killer-Phrase abschmettert. Bedienen Sie sich dazu aus der folgenden Liste. Erwidern Sie vor laufender Webcam diese Killer-Phrase! Zur Erinnerung: Gut zur Überwindung von Killer-Phrasen sind Fragen, die den Gesprächspartner in die sachliche Auseinandersetzung ziehen, die er mit der Killer-Phrase verweigern wollte. Wiederholen Sie die Übung nach Bedarf!

- »Das ist doch kompletter Quatsch / Blödsinn / Schwachsinn!«
- »Das können Sie gar nicht beurteilen!«
- »Das haben wir schon immer so gemacht!«
- »Das haben wir noch nie so gemacht!«
- »Wer hat Ihnen denn das erzählt?«
- »Das bringt nichts!«
- »Das ist nicht mein Problem!«
- »Das ist Unsinn!«
- »Das wäre ja noch schöner!«
- »Das ist eben so.«
- »Es ist alternativlos.«
- »Haben Sie keine anderen Sorgen?«
- »Das besprechen wir ein andermal!«
- »Das würde den Rahmen sprengen.«
- »Das ist unserer Zielgruppe nicht vermittelbar.«
- »Daran sind schon ganz andere gescheitert.«
- »Das hat noch nie funktioniert!«
- »Das geht sowieso nicht.«
- »Sie sind zu jung. Sammeln Sie erst mal Erfahrungen.«
- »Das ist doch längst überholt.«
- »Das ist nicht Ihre Aufgabe.«

- »Bekanntlich ist es so, dass ... «
- »Um das beurteilen zu können, fehlt Ihnen das Fachwissen.«
- »Wenn das ginge, hätte es schon längst jemand anders so gemacht.«
- »Mit diesem Vorschlag werden Sie Ärger bekommen.«
- »Das ist doch alles Theorie.«
- »Typisch Betriebswirt / Ingenieur / Informatiker / Geisteswissenschaftler / Psychologe (usw.)!«

Training Gesprächseröffnung

Benennen Sie vor der Webcam Ihr Gesprächsziel und das von Ihnen beabsichtigte Vorgehen. Holen Sie das Einverständnis des Mitarbeiters ein und dann leiten Sie, z.B. mit einer Frage, zum Verhandlungsteil über.

Übung (Rollenspiel): Es ist Montagmorgen und im Projekt 0815 muss in dieser Woche noch eine überfällige Aufgabe erledigt werden. Die Aufgabe ist umfangreich, kann sinnvoll nur von einer Person bearbeitet werden und wird in der kurzen Zeit eine ganze Anzahl Überstunden erfordern. Dafür kommen aus verschiedenen Gründen nur Herr Müller und Herr Schmitz in Frage. Herr Müller ist in der vergangenen Woche Vater geworden. Sie glauben, dass es unter diesen Umständen besser ist, wenn Herr Schmitz diesen Job übernimmt. Sie können die Überstunden kurzerhand anordnen. Besser erscheint Ihnen aber, wenn Herr Schmitz versteht, warum die Wahl für diese undankbare Aufgabe auf ihn gefallen ist. Deshalb haben Sie Herrn Schmitz zu einem Gespräch gebeten. Bitte eröffnen Sie das Gespräch mit Herrn Schmitz! Nutzen Sie für die Übung Ihre Webcam, wie unter *Training mit der Webcam* beschrieben.

Praxisübung: Wählen Sie ein in der nahen Zukunft real durch Sie zu führendes Mitarbeitergespräch. Bereiten Sie sich inhaltlich vor und dann erproben Sie die Gesprächseröffnung. Nutzen Sie für die Übung Ihre Webcam, wie unter *Training mit der Webcam* beschrieben.

Positive Handlungssprache: Vorbereitung eines Begrüßungsgesprächs.

Fiktive Situation: Ein neuer Mitarbeiter kommt in Ihren Bereich. Sie wollen ihm im Rahmen der Begrüßung vermitteln, was Sie von ihm konkret erwarten. Welche Aktivitäten im Arbeitsablauf sind für den Erfolg des neuen Mitarbeiters von besonderer Bedeutung?

Aufgabe: Bitte schildern Sie dem neuen Kollegen in positiver Handlungssprache, wie er gemäß Ihrer Erwartung diese besonders wichtigen Aktivitäten erfolgreich bewältigen wird. Nutzen Sie für diese Übung gerne Ihre Webcam, wie unter *Training mit der Webcam* beschrieben!

Training der einzelnen Gesprächsanlässe

In diesem Buch finden Sie 32 Gesprächsanlässe. Welchen möchten Sie trainieren? Wenn Sie sich entschieden haben, notieren Sie sich drei mögliche Einwände oder sonstige Sie fordernde Aussagen, die der Mitarbeiter in diesem Gespräch machen könnte. Nun sind Sie startklar für fünf interessante Übungen:

1. Die Gesprächseröffnung: Da Sie das Gespräch initiiert haben, müssen Sie es auch eröffnen. Sprechen Sie Ihre Eröffnung dieses Mitarbeitergesprächs einfach bei laufender Aufnahme in die Webcam! Danach schauen und hören Sie sich die Aufnahme an. Vermutlich fällt Ihnen sofort irgendetwas auf, was Sie besser machen können. Das ist ja der Sinn der Sache. Also, gleich nochmal, und diesmal etwas besser. Das wiederholen Sie so lange, bis Sie mit dem Ergebnis zufrieden sind!

2. Einwandbehandlung 1: Wenden Sie sich dem ersten der möglichen Einwände des Mitarbeiters zu. Was antworten Sie darauf? Nehmen Sie Ihr Statement mit der Webcam auf! Wie schon zuvor, verbessern Sie sich umgehend, bis Sie mit Ihrer Lösung zufrieden sind!

3. Einwandbehandlung 2: dito.

4. Einwandbehandlung 3: dito

5. Gesprächsabschluss: Wie schließen Sie das Gespräch ab? Sprechen Sie Ihren Gesprächsabschluss in die Webcam. Wie zuvor verbessern Sie sich solange, bis Sie mit dem Ergebnis zufrieden sind.

Die Webcam ist ein unbestechlicher Beobachter. Ihre Worte, Ihr Tonfall, Ihre Mimik, alles wird präzise eingefangen. So können Sie sehr gut nachempfinden, wie Mitarbeiter Sie im Gespräch erleben.

Wichtige Gespräche mit der Webcam vorbereiten

Zur Gesprächsvorbereitung wurde oben schon Einiges gesagt. Ihr Minimalprogramm als zielbewusste Führungskraft lautet:

1. Gesprächsziele bestimmen
2. Mögliche Einwände und Vorwände identifizieren
3. Gute Fragen finden

Ergänzend können Sie eine anstehende Gesprächsherausforderung gezielt mit einem Webcam-Training vorbereiten. Dabei gehen Sie vor, wie im vorherigen Abschnitt beschrieben, nur dass Sie sich auf das konkret anstehende Gespräch beziehen.

Möglichkeiten und Grenzen

Das Training mit der Webcam bietet Lernchancen, die sonst nur mit erheblich größerem Aufwand, etwa in einem Präsenztraining mit der Videokamera, zu haben sind. Es ermöglicht Ihnen, vielfältige Gesprächsroutinen zu erproben und einzutrainieren. In der konkreten Gesprächssituation können Sie die Routinen nach Bedarf einsetzen. Da Sie darin geübt sind, verweilt Ihre Aufmerksamkeit bei Ihrem Gesprächspartner und dem sich entwickelnden Gespräch.

Routinen alleine werden Ihnen nicht helfen, wenn Ihre Gesprächsziele nicht funktionieren. Auch das fleißigste Training wird nicht verhüten, dass Sie sich von Zeit zu Zeit in einem Mitarbeitergespräch wieder finden, auf das Sie niemand vorbereitet hat. Glücklicherweise haben Sie ja für solche Fälle Ihren gesunden Menschenverstand zur Verfügung!

Bei der großen Mehrzahl Ihrer Mitarbeitergespräche wird es sich um Anlässe handeln, die in diesem Buch beschrieben sind. Mit systematischem Training können Sie sich auf diese Gesprächsherausforderungen gezielt vorbereiten und damit Ihre Effektivität erheblich steigern.

Literaturempfehlungen

Führung und Management

Kouzes, James und Posner, Barry, Leadership Challenge Weinheim 2008 (deutschsprachige Ausgabe)

Das Buch liefert in gut lesbarer Weise eine zeitgemäße, zusammenhängende Theorie von Führung. Dabei kommen sowohl die transaktionalen als auch die transformativen Aspekte zur Sprache. Übungsaufgaben helfen der lernenden Führungskraft, die theoretischen Erkenntnisse fortlaufend mit der eigenen Praxis zu verknüpfen. Die größte Stärke des Buches sehe ich darin, für das Führen mit Werten und Visionen eine praktische Anleitung zu geben. Die beiden US-amerikanischen Autoren sind Professoren und betreiben eine Firma für Führungs-kräfteseminare.

Drucker, Peter F., The Effective Executive, Effektivität und Handlungsfähigkeit in der Führungsrolle gewinnen, München 2014

Das Buch wendet sich an Menschen, die an ihrem Arbeitsplatz Entscheidungen zu treffen haben, also insbesondere an Führungskräfte. Es geht darum, wie Sie mit Ihren Möglichkeiten eine positive Wirkung in Ihrem Umfeld erzielen. Drucker diskutiert eine breite Palette von praktisch relevanten Themen, einschließlich der Frage, wie Sie Ihren Chef führen. Dieses Buch wurde erstmals in den 60er Jahren veröffentlicht. Kaum zu fassen, aber der größte Teil ist unverändert aktuell. Woran man erkennen kann: Die meisten Organisationen arbeiten immer noch daran, die Erkenntnisse des verstorbenen Management-Visionärs Peter F. Drucker umzusetzen und einige haben noch immer kaum damit begonnen!

Hamel, Gary, Das Ende des Managements: Unternehmensführung im 21. Jahrhundert, Berlin 2008

Hamel präsentiert dem staunenden Leser Erfolgsgeschichten von großen amerikanischen Unternehmen, die ihre Mitarbeiter ermächtigen, in selbst-organisierenden Teams wichtige unternehmerische Entscheidungen zu treffen. In der selbstverständlichen Übernahme unternehmerischer Verantwortung durch die Mitarbeiter, gestützt auf den Zugang zu allen notwendigen Informationen, sieht Hamel die Zukunft. Welche Rolle spielen in einer solchen Organisation die Führungskräfte, was ist die Funktion von Management? Hamel macht dort weiter, wo der verstorbene Peter F. Drucker aufhören musste. Sehr spannende Lektüre!

Umgang mit Konflikten

Fisher, Roger und Ury, William, Das Harvard-Prinzip (Original-Titel: »Getting to Yes«), Frankfurt 2002

Dieses Buch ging aus einem Forschungsprojekt der Harvard-Universität zu Konflikten und Verhandlungsstrategien hervor, worauf der langweilige deutsche Titel anspielt. Überraschend für Viele hatten die Forschungen ergeben, dass die gerne zitierte, aber immer noch selten beherzigte Win-Win-Strategie häufig zu den besten Resultaten führt. Win-Win ist anspruchsvoll und nicht immer anwendbar, aber häufiger als die meisten Führungskräfte glauben. Wie man scheinbar unüberbrückbare Differenzen erfolgreich verhandelt und dabei aktiv die Win-Win-Situation sucht, davon handelt das Buch.

Marshall B. Rosenberg, Gewaltfreie Kommunikation, Paderborn 2010

Rosenbergs Klassiker vertritt eine systematische Art der Kommunikation unserer Wünsche und Vorstellungen, die das Umgehen mit Konflikten vereinfacht und unnötige Konflikte vermeiden hilft. Ausgangspunkt ist die Idee, dass jeder für seine Gedanken, Wünsche und Handlungen selbst verantwortlich ist. Wie können wir andere veranlassen, sich gemäß unseren Wünschen zu verhalten, ohne sie zu manipulieren? Wie kann man auch bei schwierigen Konflikten zu einer Verständigung kommen? Rosenberg zeigt konkrete kommunikative Verhaltensweisen auf, die sich jeder leicht aneignen kann. Seine »Gewaltfreiheit« ist stets pragmatisch, konkret und unideologisch. Das Buch richtet sich nicht ausdrücklich an Führungskräfte. Nach meiner Ansicht ist es aber mit seinen genauen praktischen Anleitungen für Führungskräfte ganz besonders nützlich.

Mitarbeitergespräche

Benesch, Michael, Psychologie des Dialogs, Wien 2011

Der Autor gibt einen guten Überblick über die Erkenntnisse der Humanwissenschaften zum Dialog und entwickelt daraus ein eigenes Modell dialogischer Kompetenzen. Er zeigt praktische Rahmenbedingungen für gelingenden Dialog auf und schildert Einzel- und Gruppenübungen zur Entwicklung der persönlichen Dialogkompetenzen. Das Buch richtet sich nicht speziell an Führungskräfte.

Martin Buber, Das dialogische Prinzip: Ich und Du, Stuttgart 1995

Dieses Werk Martin Bubers lotet die philosophischen Grundlagen des Dialogs aus. Buber passt in keine akademische Schublade und liefert doch ein solides Fundament für ein humanistisches Verständnis von Kommunikation. Wenn Sie als Führungskraft Sinn für Philosophie haben, wird dieses Werk Sie erfreuen und in einer dialogbereiten Grundhaltung bestärken. Handwerkliche Tipps und Tricks sollten Sie von Buber nicht erwarten.

Dilts, Robert D., Die Magie der Sprache, Paderborn 2001

Dieses Buch befasst sich mit subtilen Mitteln des sprachlichen Ausdrucks. Wie Sie etwas sagen, macht einen großen Unterschied. Aber was sind die Punkte, die den Unterschied machen? Und wie kann man sie systematisch nutzen? Wenn Sie die Grundlagen des Führens erfolgreich bewältigt haben, dann finden Sie hier lohnende Ansätze, Ihre kommunikative Effektivität weiter zu entwickeln. Dilts ist ein bekannter Vertreter des neurolinguistischen Programmierens (NLP). Das Buch stützt sich vor allem auf die Erkenntnisse von Milton Erickson, der als einer der bedeutendsten Psychotherapeuten des 20. Jahrhunderts gilt. Es richtet sich nicht speziell an Führungskräfte, sondern an alle, die erfolgreich kommunizieren wollen.

Schein, Edgar H., Humble Inquiry, San Francisco 2013

Nach Ansicht des Autors ist die Technik der »wohlwollenden Befragung« die wichtigste Fähigkeit, um vertrauensvolle Beziehungen über hierarchische Distanzen hinweg zu erzielen. Das Buch diskutiert die Bedeutung dieses Konzepts, geht auf die praktischen Widrigkeiten ein und zeigt Wege, die eigenen Fähigkeiten zu entwickeln. Bisher nur in amerikanischem English und Spanisch erhältlich.

Umgang mit Negativität

Sutton, Robert, Der Arschlochfaktor, München 2008

Der Titel ist nicht, was Sie von einem Harvard-Professor erwarten. Negativität ist ein reales Problem am Arbeitsplatz, mit dem Führungskräfte konfrontiert sind. Sutton ist davon überzeugt, dass ein komplettes A... reicht, um die Produktivität einer ganzen Abteilung herunter zu ziehen. Deshalb sei es eine wichtige Führungsaufgabe, die A... zu entsorgen. Das Buch dekliniert das Thema durch, hilft bei der Analyse mit einem A...-Test und zeigt Handlungsmöglichkeiten auf.

Managementdenken jenseits der Konvention

DeMarco, Tom, Wien wartet auf dich, Der Faktor Mensch im DV-Management (Originaltitel: »Peopleware«), München/Wien 1999 und Slack, Getting Past Burnout, Busywork, and the Myth of Total Efficiency, New York 2001

Tom DeMarco ist ein bewährter Streiter für Rationalität und Humanität am Arbeitsplatz. Wussten Sie, dass 100%-ige Effizienz per Definition nichts anderes bedeutet, als dass niemand mehr für Unvorhergesehenes Zeit hat? Maximale Effizienz bedeutet folglich maximale Unbeweglichkeit. Das ist nur ein Beispiel von den vielen, mit denen es DeMarco gelingt, Widersinnigkeiten der heutigen kapitalistischen Planwirtschaft aufzudecken und mit pragmatischer Rationalität der Wissensarbeit zu konfrontieren. DeMarco hat seine ersten Sporen mit einem Standardwerk über Softwarespezifikation erworben. Er hat sogar einen Roman über Projektmanagement geschrieben! Die beiden hier empfohlenen Schriften sind eine Sammlung von ebenso unkonventionellen wie vernünftigen Beobachtungen und Ideen. Skepsis und praktische Vernunft statt falschem Respekt vor vermeintlich bewährten Managementgewohnheiten, das ist das sympathische Credo seines Werks.

Bassi, Laurie et. al., Good Company, Business Success in the Worthiness Era, San Francisco 2011

Bassi und ihre Coautoren zeigen auf, wie Unternehmen zunehmend an der Fähigkeit gemessen werden, mit Kunden, Mitarbeitern, Lieferanten, Gläubigern sowie dem lokalen und gesellschaftlichen Umfeld, »freundlich« umzugehen. Unternehmen, die ihre Kunden übervorteilen, Mitarbeiter schlecht behandeln und Steuern trickreich vermeiden, fallen auf. Sie werden es zunehmend schwer haben, sich zu behaupten, geschweige denn, das Ziel dieser Praktiken, nämlich höhere Profite, zu realisieren – so die These von Bassi und Coautoren. Die wird umfassend diskutiert und mit vielen Beispielen schlüssig belegt. Wenn man Bassi folgt, dann wird ein zeitgemäßes Verständnis von Führung, wie ich es in dieser Schrift zugrunde lege, für die Unternehmen zunehmend alternativlos und das ist der Grund, weshalb ich es hier empfehle. Das Buch ist in amerikanischem Englisch verfügbar.

Was Sie noch tun können

Seminare und Online-Trainings

Wenn Sie mehr machen wollen, als dieses Buch unterstützt, dann sollten Sie sich überlegen ein entsprechendes Seminar zu besuchen. Auch Coaching ist sehr nützlich, um individuelle Themen gezielt anzugehen.

Wenn Ihnen dieses Buch gefällt und Ihnen die dahinter sichtbar werdende Auffassung von Führung zusagt, dann empfehle ich Ihnen besonders den *Führungsführerschein*. Das ist ein sehr effektives, kompaktes Training mit webbasierten Komponenten für die Aus- und Weiterbildung von Führungskräften. Der Führungsführerschein, den Sie bei meiner Firma, der TOP Managementberatung GmbH buchen können, besteht aus acht Präsenzseminartagen, die in vier Blöcken zu zwei Tagen stattfinden.

Derzeit finden jedes Quartal offene Seminare in Frechen bei Köln statt. Mehr Informationen finden Sie in der Werbung am Ende des Buches oder unter

www.top-managementberatung.de.

Ich würde mich freuen, Sie beim Führungsführerschein begrüßen zu dürfen!

In eigener Sache

Eine Bitte an sehr zufriedene Leser

Wenn Ihnen diese Schrift wirklich sehr gut gefallen hat, dann schreiben Sie bitte eine Rezension bei Ihrem Online-Buchhändler. Buch.de, ebook.de, Amazon.de und alle anderen Online-Buchhändler bieten Ihnen dazu die Möglichkeit. Sie können dort in wenigen Worten – Amazon verlangt 19 Worte – sagen, was Ihnen besonders gut gefallen hat und bis zu fünf Zufriedenheitspunkte vergeben. Vielen Dank für Ihre Unterstützung!

Danksagung

Mein Dank gilt meinen Kollegen Dr. Heidi Schürmann, Bruno Rommert und Peter Schabacker für viele kritische und hilfreiche Anregungen. Katharina Saß und Elke Helmers haben wichtige Hinweise beigesteuert, für die ich mich bedanke. Ganz besonders dankbar bin ich meiner Ehefrau Ursula Saß für zahlreiche nützliche inhaltliche Anstöße und für die unermüdliche, akribische Kontrolle meiner Rechtschreibung und Grammatik. Für alle verbleibenden Mängel dieser Schrift trage selbstverständlich ich alleine die Verantwortung.

Vita und Kontaktdaten des Autors:

Geboren 1955, studierte ich Informatik an der TU München und der Universität Bonn. Nach dem Diplom ging ich als Programmierer in die Softwareentwicklung. Bald wurden mir Führungsaufgaben mit wachsender Verantwortung anvertraut. Mittelgroßen Softwarehäusern diente ich als Geschäftsführer. Schnell begriff ich, dass auch in einem so technischen Umfeld das, was zwischen den Menschen passiert, für den Erfolg das Wichtigste ist. Diese menschlichen Faktoren haben mich seither stets fasziniert. Seit 2004 bin ich selbstständig im Personalentwicklungsmarkt. Gelegentlich veröffentliche ich Artikel zu Führungs- und Personalentwicklungsthemen. 2006 war ich Mitgründer der TOP Managementberatung GmbH, deren geschäftsführender Gesellschafter ich seither bin. Dort schufen wir den »Führungsführerschein«, das erste Kompakt-Angebot im deutschen Markt für Führungskräfteentwicklung als »Blended Learning«. Der Führungsführerschein wurde 2009 unter Schirmherrschaft des Bundeswirtschaftsministeriums mit dem »Innovationspreis-IT« und 2010 mit dem Preis »Best of Consulting« der Wirtschaftswoche ausgezeichnet. Die webbasierten Komponenten wurden unter meiner Leitung entwickelt. Seither ist mein Arbeitsschwerpunkt in Entwicklung, Durchführung und Vertrieb von gemischten Lernformaten für Führungskräfte.

Sie erreichen mich bei TOP Managementberatung GmbH, Augustinusstraße 11c, 50226 Frechen, unter fc.sass@top-managementberatung.de oder telefonisch unter +49-2234-2022970.

Personen- und Sachregister

T|O|P
MANAGEMENTBERATUNG
Menschen machen den Unterschied

Führungsführerschein
Führen kann man lernen

Die Anforderungen an Führungskräfte sind enorm gestiegen. Der Führungsführerschein vermittelt durch innovative Methoden das zeitgemäße Handwerkszeug und hilft, sich die Führungsrolle erfolgreich anzueignen. Die Teilnehmer lernen, wie sie offen, fair und konsequent führen und so zum eigenen Erfolg wie dem der Mitarbeiter und des ganzen Unternehmens beitragen. Der Führungsführerschein richtet sich sowohl an Führungskräfte in den ersten Jahren in der Führungsrolle als auch an berufserfahrene Führungskräfte, die ihr Führungs-Repertoire gezielt erweitern wollen.

//Aus der Praxis für die Praxis

Die mehrfach mit renommierten Auszeichnungen prämierte Ausbildung war das erste ganzheitliche „Blended Learning"-Angebot für die Führungskräfteentwicklung im deutschsprachigen Markt.

Das von einem interdisziplinären Team entwickelte Konzept verzahnt innovative Lernmethoden, wie webbasiertes E-Learning und E-Training in optimaler Weise mit den Präsenztrainings. Alle Dozenten verfügen über eigene langjährige Führungserfahrung. Die Inhalte werden stets praxisorientiert aufbereitet und vermittelt.

//Die Leistungen

Kick Off Veranstaltung
In einer Kick-Off Veranstaltung (ca. 2,5) Std werden die Teilnehmer eingestimmt.
E- Learning
Mit dem webbasierten E-Learning bereiten sich die Teilnehmer auf die Präsenzseminare vor. Insgesamt stehen Wissenseinheiten für ca. 20 Std. zur Verfügung.
Präsenzseminar
In 4 Präsenzblöcken von je 2 Tagen (9.00 Uhr – 18.00 Uhr) befassen sich die Teilnehmer unter der Leitung wechselnder Trainer mit folgenden Themen:
- Grundlagen der Führung
- Führen über Ziele
- Erfolgspotenziale erkennen und nutzen
- Mitarbeitergespräche
- Kommunikation als Führungskraft
- Konflikte erkennen und bewältigen
- Mitarbeiterbeurteilung und –beschaffung
- Persönlichkeitstypen
- Persönliche Wirkung als Führungskraft
- Grundlagen Personalrecht
- Veränderungsmanagement
- Persönliche Erfolgsstrategie

Jetzt zum offenen Seminar anmelden!
Auch als Inhouse-Seminar buchbar.

www.top-managementberatung.de

TOP Managementberatung GmbH
Augustinusstraße 11c · 50226 Frechen · Tel. +49 2234 202 297 0
Geschäftsführer: Bruno Rommert · Friedrich-Carl Sass
Handelsregister Köln HRB 59612 · Umsatzsteuer-ID DE253288681